Nick & Don
Bruder1und2

DIE BREBEL

1. Auflage 2023

Sternstraße 117
20357 Hamburg

ISBN 978-3-911034-00-5

Texte: Eric Erdle & Nick Jann
Projektleitung: Celine Schmidt
Redaktionelle Mitarbeit: Pia Poehls & Regina Denk
Lektorat: Oliver Uschmann
Umschlaggestaltung: Adrijan Karavdić
Illustrationen: Alexander Roncaldier, illustratoren.de/AlexanderRoncaldier
Satz und Korrektorat: Eberl & Koesel Studio, Kempten
Druck und Bindung: CPI books GmbH, Leck

WeCreate Books – Ein Verlag der WeCreate Germany GmbH
www.wecreate-books.com

Für unsere Mütter, die uns geboren, damit den Grundstein für dieses Buch gelegt und die Welt für immer verändert haben.

INHALT

VORWORT

Eine Welt ohne Regeln ist eine Welt im Chaos. So sprach einst eine Person, die ich sehr schätze. Ich selbst. Unser Alltag ist durchzogen von Regeln, an die wir uns mehr oder weniger freiwillig halten, um ein gesundes Miteinander in unserer Gesellschaft zu ermöglichen. Es gibt Gesetze für den Straßenverkehr, Gesetze, die regeln, wer wie viele Steuern zu zahlen hat (auch wenn die keiner vermissen würde), und sogar Regeln, welche Dachziegel man in einer Wohnsiedlung verwenden darf.

Der wichtigste Lebensbereich wurde allerdings lange Zeit vergessen oder nur in veralteten Schriften behandelt – das Zusammenleben mit seinen Bros. Gesellschaftsformen wechseln, Ländergrenzen verschieben sich, sogar Kriege kommen über das Land ... Allein eine gute Freundschaft zwischen Bros übersteht jede Krise dieser Welt.

Deshalb ist es so wichtig, dass die Erwartungshaltung an solch eine Bruderschaft ganz eindeutig geregelt ist. Fehlende Klarheit in diesem Lebensbereich ist der Hauptgrund für zerbrechende Freundschaften, Streit in der Beziehung und den Klimawandel (okay, letzteres war gelogen, aber ich dachte, das verschafft noch etwas Nachdruck).

Wir – Don und Nick von Bruder1und2 – haben es uns zur Aufgabe gemacht, alle potentiellen Unklarheiten, die in einer Freundschaft entstehen können, unmissverständlich zu regeln. In 50 Paragrafen und über 250 Absätzen, die die Paragrafen zusätzlich erklären und konkretisieren, erfährst du (fast) alles, was man als guter Bro wissen muss.

Natürlich lernt die Menschheit nie aus, weshalb wir auch weiterhin Paragrafen ergänzen sowie Unklarheiten aufgreifen und regeln werden, um dir vielleicht irgendwann eine absolute Ausgabe präsentieren zu können, die für jedes Problem der Welt eine Antwort hat. Bis dahin kommst du auch mit diesem Werk super zurecht!

Bevor du weiter liest …

… ist es wichtig zu wissen, dass du dich mit der Lektüre dieses Werkes dazu verpflichtest, die Lehren der Brebel nach außen zu tragen und alle unwissenden Menschen über diese Schrift zu unterrichten. Ein guter Bro hält sich nicht nur an die Regeln der Brebel, sondern hilft auch dabei, andere „noch nicht Bros“ auf den richtigen Weg zu führen, indem er sie so lange mit den Inhalten aus dem Buch nervt, bis sie selbst ein Teil der Brebel-Familie werden.

Die Brebel zu besitzen bedeutet Verantwortung! Wirst du dieser Aufgabe gerecht?

WER SIND WIR?

Wir nehmen stark an, dass ein großer Teil der Menschen, die dieses Buch erstehen konnten, ohnehin schon Teil der Brebel-Familie sind und daher bestens über die Bresidenten der Brebel Bescheid wissen. Dennoch möchten wir unwissende Leser nicht im Dunkeln lassen und uns kurz vorstellen. Da wir beide den jeweils anderen besser kennen als uns selbst, stellen wir uns gegenseitig vor (ist auch etwas weniger cringe tbh).

NICK

(geschrieben von Don)

Nick. Ein Name, zu dem man eigentlich nichts weiter sagen muss. In einem alten, international sehr bekannten Märchen heißt es: „Spieglein, Spieglein an der Wand, wer hat die dickste Bizepsader im ganzen Land?" Worauf der Spiegel antwortet: „Nick Jann, Nick Jann, Nick Jann ist ein geiler Mann." Dies klingt vielleicht frei erfunden, wurde aber tatsächlich sogar vor über drei Jahren von Nick in einem TikTok dargestellt (heftig, wenn ihr das auf Nicks Account findet). Seit jungen Jahren verbringt dieser Mann einen großen Teil seines Lebens im Fitnessstudio, was ihn automatisch dazu befähigt, über derart komplexe Themen wie die Freundschaft zwischen Bros zu sprechen (viel Muskeln, viel Kompetenz). Da Nick, genau wie ich, seit er denken kann, denselben Freundeskreis hat, zeigt sich, dass er ein gutes Talent besitzt, die richtigen Freunde zu finden und diese auch ein Leben lang zu behalten.

DON

(geschrieben von Nick)

Don. Es ist nicht bekannt (auch mir nicht), ob es sich bei diesem Namen um seinen echten oder einen Künstlernamen handelt. Meine Bitte einer schriftlichen Stellungnahme seitens seiner Mutter wurde abgelehnt und auf ein unterzeichnetes NDA (non-disclosure agreement) hingewiesen. Um zu erklären, was Don für ein Mensch ist, müssen wir seinen Namen näher beleuchten.

D

Das D in „Don" steht für Durchhaltevermögen.
Ihr werdet keinen Menschen kennenlernen, der es geschafft hat, so lange seinen Spotify-Account mit anderen Personen zu teilen, ohne sich zu beschweren.

O

Das O in „Don" steht für Otto Normalverbraucher.
Ihr werdet keinen Menschen finden, der es so lange durchgehalten hat, bodenständig zu bleiben und seine sehnlichsten Bedürfnisse zurückzustellen, obwohl er nach so viel Höherem strebt.

N

Das N in „Don" steht für Nick.
Ihr werdet keinen Menschen kennenlernen, der so viel Zeit mit mir (Nick) verbracht hat. Das zeugt nicht nur von guter Menschenkenntnis, sondern viel mehr von Loyalität. Eines der wichtigsten Güter in einer funktionierenden Bruderschaft.

WARUM WIR WISSEN, WOVON WIR SPRECHEN

Um zu verstehen, warum wir, die Bresidenten der Brebel, mit Abstand am besten wissen, wovon wir sprechen, müssen wir kräftig (mit der Rechten) ausholen. Vor langer Zeit begann der Start unserer sportlichen Karriere mit dem Kampfsport. Don war ein begnadeter Taekwondo-Kämpfer und Nick ein Boxer, der seinesgleichen suchte. Schnell merkten wir, dass mit dieser Art des Sports keine Frauen überzeugt werden können. Was wir brauchten, waren sichtbare Muskeln, um die Damenwelt auf den Kopf zu stellen. Wir begannen also mit dem Kraftsport. Schon mit 17 Jahren sind wir in unserem heimischen Gym dem „Plus-100-Kilo-Bankdrücken-Club" beigetreten. Ein Zusammenschluss aus Gleichgesinnten, die nur ein Ziel hatten: jung, brutal und gutaussehend zu sein.

Als wäre das nicht schon genug, strebten wir nach Größerem und steckten uns immer wieder neue Ziele, um uns zu challengen. Als wir auch diese bei Weitem übertroffen hatten, startete im Winter 2017 der sagenumwobene und anerkannte Wettkampf „Christmas-Kraftdreikampf", der auf Facebook live ausgestrahlt wurde. Eingeladen waren nur die Stärksten unter den Starken. Schnell war klar, dass wir die heißen Favoriten des Wettkampfs waren. Schon im Aufwärmsatz spielten wir die Kontrahenten aus, sodass die Entscheidung zwischen uns geklärt werden musste. Wie es schlussendlich ausgegangen ist, bleibt für dich immer ein Rätsel, aber um dir einen kleinen Anhaltspunkt geben zu können …

Zahlen sagen mehr als tausend Worte!

Total: 550+ kg

Eine Zahl, die sich aus den Kraftübungen Bankdrücken, Kniebeuge und Kreuzheben zusammensetzt.

Nachdem wir im Bereich Kraftsport konkurrenzlos alle Mitstreiter hinter uns lassen konnten, ging es zurück in den Kampfsport. Nach einigen Jahren MMA-Training haben wir uns auf BJJ-Wettkämpfen versucht. Um auch hier einen kleinen Anhaltspunkt zu geben …

Goldmedaillen sagen mehr als tausend Worte! Kurz und knapp – es lief ganz gut.

Was haben diese sportlichen Leistungen aber damit zu tun, dass wir DAS Aushängeschild für Männerfreundschaften sind? Und was berechtigt und befähigt uns, die international anerkannten Regeln für Freundschaften zwischen Bros und dem Umgang mit seinen Mitmenschen aufzustellen? Nichts. Aber einer muss es ja machen. Und dann wenigstens jemand mit stabilem Rücken.

Falls du dir eine Scheibe von uns (oder einem von uns) abschneiden möchtest, findest du nachfolgend unsere aktuellen Trainingspläne. Falls nicht, kannst du direkt zum nächsten Kapitel übergehen.

UNSERE TRAININGSPLÄNE

Trainingsplan Nick

Tag 1 (Brust, Bizeps)
Bankdrücken (3 × 5), Schrägbankdrücken (3 × 8), Flys für die obere Brust (3 × 10), Flys für die untere Brust (3 × 10), Curls mit der Kurzhantel (3 × 10), Curls mit der SZ-Stange (3 × 10)

Tag 2 (Rücken, Bauch)
Kreuzheben (3 × 10), Rudern (3 × 10), Latzug, einarmig am Kabelturm (3 × 10), Latpress (3 × 10), Crunches (3 × 20), Plank (3 × 1,5 Minuten)

Tag 3 (Cardio)
30 Minuten auf dem Laufband oder dem Spinning-Rad

Tag 4 (Beine, Bauch)
Kniebeugen (3 × 8), Beinbeuger (3 × 10), Beinstrecker (3 × 10), Adduktoren (3 × 12), Wadenmaschine (3 × 12), Crunches (3 × 20), Plank (3 × 1,5 Minuten)

Tag 5 (Schulter, Trizeps)
Schulterdrücken (3 × 10), Seitheben (3 × 12), Frontheben (3 × 12), Reverse Butterfly (3 × 12), Dips (3 × 20), Trizeps-Zug am Kabelzug (3 × 12)

Tag 6 (Rücken, Bauch)
Latzug an der Maschine (3 × 10), breites Rudern (3 × 10), enges Latziehen (3 × 10), einarmiges Rudern (3 × 10), Crunches (3 × 20), Plank (3 × 1,5 Minuten)

Tag 7
Restday

Trainingsplan Don

Tag 1 (Brust, Trizeps)
Bankdrücken (3 × 8), Schrägbankdrücken (3 × 8), Butterfly-Maschine oder Kabel (3 × 8-12), Trizepsdrücken am Seil (4 × 12), beliebige zweite Trizepsübung

Tag 2 (Rücken, Bizeps)
Klimmzüge mit Zusatzgewicht (4 × 10), Latzug an der Maschine (4 × 10), enges Latziehen von oben (4 × 10), Bizepscurls Langhantel (3 × 10), Bizepscurls Kurzhantel (3 × 10), Stairmaster mit Gewichtsweste und Höhentraingsmaske zur Sauerstoffreduktion (10 – 20min)

Tag 3 (Schulter)
Overheadpress (3 × 12), Seitheben (4 × 12), Frontheben (3 × 12), Around the worlds (4 Sätze bis zur Ermüdung), Facepulls (3 × 10)

Tag 4 (Arme)
Bizepscurls Langhantel (4 × 12), Bizepscurls Kurzhantel (4 × 10), Trizepsdrücken Kabelzug mit Seil (4 × 12), zweite Trizepsübung, kleine Calisthenics-Einheit

Tag 5 (Beine)
Deadlifts (4 × 5-8), Beinpresse (3 × 12), Beinbeuger (4 × 12), Beinstrecker (3x bis zur Ermüdung), Bauch (falls ich Bock hab, also eher nicht)

Tag 6 (Cardio)
Option 1: 5 Kilometer Joggen mit Höhentraingsmaske zur Sauerstoffreduktion
Option 2: Seilspringen + MMA Drills
Option 3: 20 Minuten Rudermaschine mit Höhentraingsmaske zur Sauerstoffreduktion + 10 Minuten Stairmaster mit Höhentraingsmaske zur Sauerstoffreduktion + Gewichtsweste

Tag 7 (Sonstiges)
Geschlechtsverkehr (4 × 8)

DIE BREBEL

Es folgen nun fünfzig Paragrafen, die dein Leben nachhaltig verändern werden. Du wirst danach zwar nicht mehr derselbe Mensch sein, aber ein besserer! Die Brebel ist kein Werk, das man einmal liest und ins Regal stellt, sondern jeden Abend vor dem Schlafengehen intensiv verinnerlicht. Wieder und wieder.

Brebel § 1

Auch wenn die Maid in Not, dein Bro an zweiter Stelle ist ein Verbot.

Jeder kennt die Situation. Eine nahestehende Dame stolpert auf dem Dach eines 42-stöckigen Hochhauses über den Bügel ihrer gefälschten Luxus-Handtasche. Daraufhin hängt sie mit letzter Kraft an der Kante des Hauses und ruft um Hilfe. Als Mann ist es dein natürlicher Instinkt, die Dame vor der drohenden Gefahr zu schützen – keine Frage! Doch spätestens, wenn dein Handy klingelt und auf dem Display der Name deines Bros erscheint, entsteht ein Interessenkonflikt. Ohne Regeln kann man sich hier nur falsch entscheiden. Nun weißt du jedoch, dass der Bro am Telefon vorgeht! (Natürlich hast du der Dame trotzdem rechtzeitig geholfen und wirst fortan von allen als Held gefeiert – es ging nur ums Prinzip.)

Brebel § 1 Abs. 1

Handelt es sich bei der Dame um deine Ehefrau oder deinen Crush, so darfst du bei nicht lebensgefährlichen Situationen am Telefon auf einen späteren Zeitpunkt oder einen anderen Bro verweisen.

Brebel § 1 Abs. 2

Wenn dein Bro dich an zwei aufeinanderfolgenden Terminen ohne triftigen Grund versetzt hat, erlischt die Gültigkeit des Paragrafen und er muss selbst klarkommen.

Brebel § 1 Abs. 3

Sind zwei deiner Bros zur gleichen Zeit in Not, so ist dem Bro zu helfen, der sich in der Vergangenheit mehrfach durch seine selbstlose Art als besserer Wingman erwiesen hat.

Brebel § 1 Abs. 4

Ausgenommen von der Regel sind enge Verwandte wie die eigene Mutter, Großmutter oder Schwester. Die Stiefschwester (Stepsis) ist wie jede andere Frau zu behandeln.

Brebel § 1 Abs. 5

Wenn dein Bro dich anruft, hast du an dein Handy zu gehen. Dabei spielt es keine Rolle, wie brenzlig deine eigene Situation gerade ist.

Brebel § 2

Ein Bro geht niemals fremd, außer es geht nicht anders.

Jeder kennt die Situation. Du bist in einer glücklichen Beziehung und liebst deine überaus attraktive, smarte, wohlwollende und charismatische Freundin über alles. Wie es der Zufall will, gerätst du jedoch in eine brenzlige Situation. Beim Spaziergang siehst du, wie eine gutaussehende junge Dame am Straßenrand ein paar spicy IG-Pics schießt. Durch den Blitz ihrer Kamera wird ein Autofahrer geblendet, er verliert die Kontrolle und erfasst sie. Nach dem Unfall sagt die Frau zwar, dass ihr nichts fehle, jedoch willst du auf Nummer sicher gehen und trotzdem eine Mund-zu-Mund-Beatmung durchführen. Brebel § 2 regelt genau diesen vermeintlichen Konflikt aus jedermanns Alltag.

Brebel § 2 Abs.1

Konkret geht es um lebensgefährliche Situationen wie zum Beispiel: Man muss Erste Hilfe leisten (Mund-zu-Mund-Beatmungs-Zungenkuss), man wird bedroht („Ich werde ungemütlich/unberechenbar, wenn du nicht mit mir schläfst.“) oder man gerät in Situationen, in denen man sich sonst selbst in Gefahr begeben würde (bleibende Schäden durch Überdruck).

Brebel § 2 Abs. 2

Ebenso gilt der Absatz in weniger lebensgefährlichen Lagen wie etwa, wenn die extrem heiße brasilianische Austauschschülerin Livia nur noch heute in der Stadt ist und dann für immer das Land verlässt. (Hierbei wäre es nicht schlecht, wenn du in einer offenen Beziehung mit deiner Freundin bist.)

Brebel § 2 Abs. 3

Der Paragraf findet auch Anwendung, wenn man nicht Herr seiner Sinne ist, wie bei Gedächtnisverlust (man ist hingefallen und hat sich die Rübe an der Poledance-Stange im Erwachsenenunterhaltungs-Etablissement angehauen) oder bei Beeinträchtigungen durch Krankheiten und Medikamente (hohes Fieber, starke Schmerzmittel oder Alkohol).

Brebel § 2 Abs. 4

Alkohol, der aus eigener Initiative heraus konsumiert wird, ist keine Ausrede für Fremdgehen! Die Ausnahme tritt hier ein, wenn ein Bro die Situation manipuliert (dein Bro hat gesagt, er macht eine 20/80-Mische, hat jedoch eine 80/20-Mische gemacht). In einem solchen Fall bist nicht du, sondern dein Bro deiner Freundin fremdgegangen.

Brebel § 2 Abs. 5

Aus anatomischer Sicht ist die konkrete Definition von Fremdgehen, wenn das Glied des Mannes in das Kellerverlies der Frau eindringt. Alles andere musst du mit dir selbst ausmachen.

Brebel § 3

Stimmt das Interesse an einer Dame zwischen deinem Bro und dir überein, so entscheiden Papier, Schere und Stein.

Jeder kennt die Situation. Eine sehr attraktive Austauschschülerin ist für ein paar Wochen in deiner Klasse und du hast mal wieder die Schule geschwänzt. Am Nachmittag kommt dein Bro um die Ecke und will dir weismachen, dass er „Shotgun" gerufen hat und somit das Vorrecht auf die Eroberung der Dame besitzt. Dank Brebel § 3 kannst du ihm nun erklären, dass alles, was er sagt, Blödsinn ist, und die Schere-Stein-Papier-Runde gekonnt nach Hause fahren. (Auf Nummer sicher empfiehlt es sich hier, Stein zu nehmen.)

Brebel § 3 Abs. 1

Das Vorrecht auf die Eroberung einer Frau erlischt nach Vollendung des zweiten Jahres und wird neu verhandelt. Dies gilt nur, wenn der Gewinner innerhalb dieser Zeit nicht tätig geworden ist.

Brebel § 3 Abs. 2

Das Vorrecht auf die Eroberung einer Frau gilt auch in einer Beziehung, weil es dumm wäre, keinen Plan B zu haben. (Man kann nie wissen, wann aus heiterem Himmel die Beziehung auseinandergeht, zum Beispiel durch einen Flugzeugabsturz.)

Brebel § 3 Abs. 3

Gespielt wird bis 1. Gibt es dann keinen Sieger, so gewinnen beide Krieger. (Die Beziehung zur Frau wird daraufhin – sofern einverstanden – zwischen beiden Bros brüderlich geteilt.)

Brebel § 3 Abs. 4

Ist eine Dame nicht damit einverstanden, dass die Beziehung bei einem Unentschieden brüderlich geteilt wird, so ist das zu Ungunsten beider Bros, da nun keiner mehr sein Glück versuchen darf. (Wenn zwei sich streiten, freut sich keiner.)

Brebel § 3 Abs. 5

Das in weiten Kreisen bekannte Rufen von „Shotgun“ reicht nicht für ein Vorrecht aus, da echte Bros keine Entscheidung ohne fairen Wettkampf treffen. Unter der Shotgun-Regel versteht man somit den Schere-Stein-Papier-Wettkampf selbst und nicht das bloße Rufen von „Shotgun“. Dies gilt für alle Entscheidungen, auch unabhängig von dem Interesse an einer Dame (z.B. welcher Bro im Auto vorne sitzen darf).

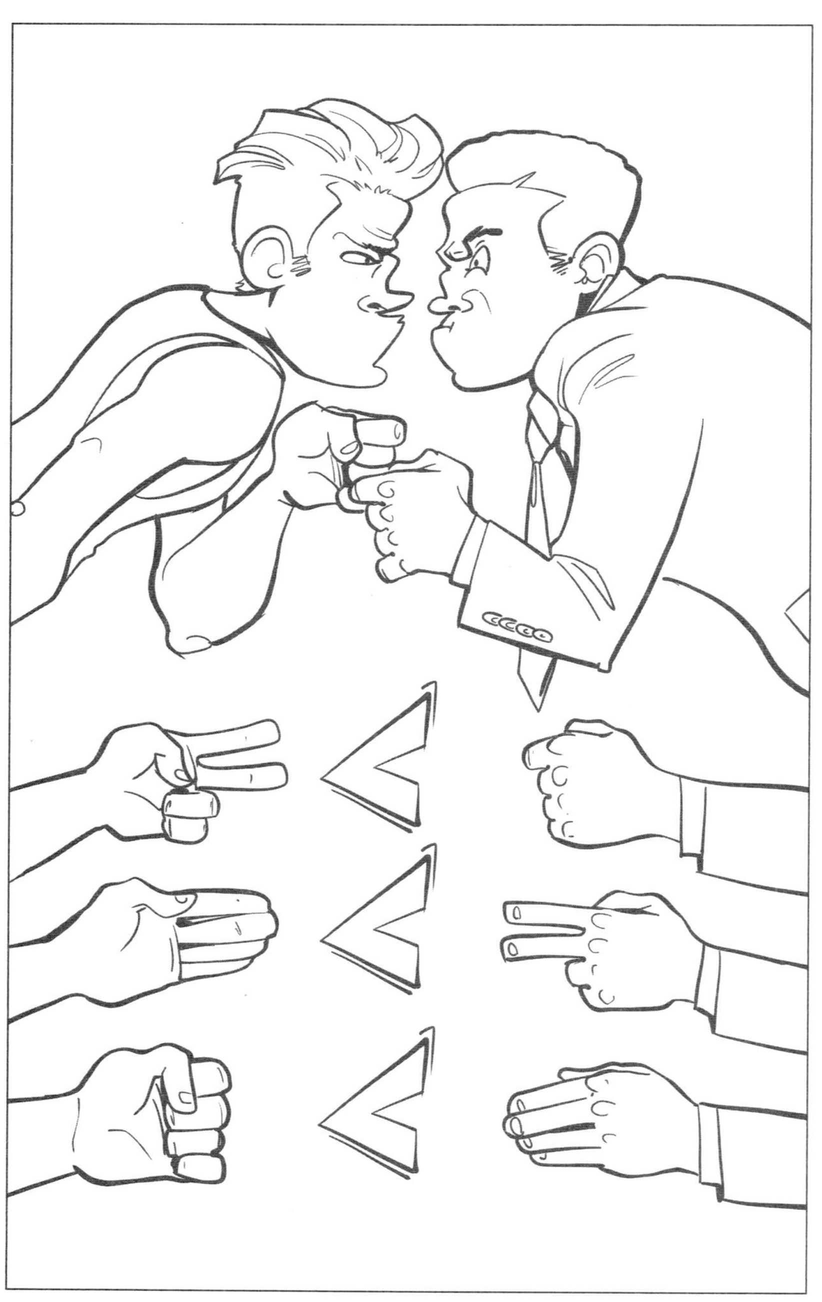

Wie aus dieser Illustration ersichtlich wird, sollte man bei „Schere, Stein, Papier“ im Zweifel immer Stein nehmen, weil man damit auf Nummer sicher geht. Da wir in unserem Freundeskreis grundsätzlich immer „Schere, Stein, Papier“ darum spielen, wer an der Kasse zu zahlen hat, können wir nach tausenden Runden mit gutem Gewissen sagen: Die Wahrscheinlichkeit ist bei allen drei Möglichkeiten mathematisch immer gleich hoch, dennoch wird erfahrungsgemäß der Stein selten geschlagen (vielleicht auch, weil er am härtesten ist).

Brebel § 4

Erscheint dir die Gattin deines Bres gefährlich, so berichte ihm dies ehrlich.

Jeder kennt die Situation. Seit Monaten fragst du regelmäßig deinen Bro, ob er am Abend auch zum wöchentlichen Treffen aller Bros erscheinen wird. Daraufhin sagt er entweder ab oder antwortet mit: „Wir kommen auch." Vier-Augen-Gespräche wurden zu Sechs-Augen-Gesprächen mit seiner Freundin und er verzichtet fortan auf sämtliche ehrenlosen Witze, weil seine Freundin diesen Humor nicht mag. Langsam aber sicher merkst du, wie dein Bro sich distanziert und unglücklicher wird. Brebel § 4 hilft dir dabei, deinen alten Bro zurückzubekommen.

Brebel § 4 Abs. 1

Mit „gefährlich" ist nicht unbedingt gemeint, dass körperliche Gefahr von der Dame ausgeht, sondern eher, dass sie deinem Bro nicht guttut. Beispiele wären: Wenn sie den Kontakt zu seinen Bros einschränkt, wenn dein Bro das Haus nicht mehr ohne sie verlassen kann, wenn sie deinen Bro in finanzielle Probleme bringt oder sie eine Furie (rasende, wütende, Furcht und Schrecken verbreitende Rachegöttin) ist.

Brebel § 4 Abs. 2

Ein Bro ist ein Gentleman und äußert die Bedenken gegenüber der Dame seines Bros daher nicht in deren Anwesenheit, sondern unter vier Augen. Die Ausnahme ist hier, wenn sie immer dabei ist und es dadurch nicht anders geht.

Brebel § 4 Abs. 3

Alle Bedenken sind lückenlos und in aller Deutlichkeit zu kommunizieren, jedoch ist bei der Wortwahl auf die Gefühle des Bros zu achten. (Auch Bros haben Gefühle.)

Brebel § 4 Abs. 4

Das „Schlechtreden" der Gattin deines Bros, nur um selbst einen potentiellen Stich zu erlangen, ist die Schlimmste aller Bro-Sünden und selbst der Gedanke daran wird mit Ausschluss aus dem Freundeskreis sowie der Brebelarmy geahndet.

Brebel § 4 Abs. 5

Nimmt der Bro sich deine Bedenken nicht zu Herzen, so ist eine Krisenintervention aller Bros einzuberufen. Per Abstimmung wird dort über die Beziehung des Bros entschieden. Seine eigene Stimme wird dabei nicht berücksichtigt.

Brebel § 5

Kann dein Bro seinen natürlichen Trieb nicht unterdrücken, so decke ihm den Rücken.

Jeder kennt die Situation. Du bist mit deinem Bro und seiner Freundin unterwegs. Kaum geht sie auf die Toilette, kann dein Bro seine Triebe nicht mehr unterdrücken und sucht händeringend nach einer anderen attraktiven Dame, die er ansprechen kann. Hat er dabei Erfolg und ist bereits in das Gespräch vertieft, während die Freundin von der Toilette zurückkommt, so ist es nicht deine Aufgabe, über richtig und falsch zu urteilen, sondern zu helfen! Möglichkeiten sind hier, die Freundin ebenfalls in ein Gespräch zu verwickeln, ihr Sichtfeld zu blockieren, sie von der Gefahrenzone zu entfernen oder die gute alte Batista-Bomb anzuwenden (Bodyslam zum vorübergehenden Außergefechtsetzen). Letzteres ist zuvor mit der Betroffenen abzuklären und darf nur bei Vorliegen einer Einverständniserklärung erfolgen.

Brebel § 5 Abs. 1

Sollte umgekehrt die Freundin deines Bros ihre Triebe nicht unter Kontrolle haben, so bist du nicht verpflichtet, ihr den Rücken zu decken. Bedingungslose Loyalität gilt nur zwischen zwei Brüdern.

Brebel § 5 Abs. 2

Entscheidest du dich bei der Hilfe deines Bros für die Batista-Bomb, so gelten folgende Grundsätze: Dauert der Verteidigungsakt nicht länger als fünf Sekunden, so ist dies deines Bres Willen und nicht zu Gunsten deines Vergnügens. Trägt die Dame dabei einen Rock, ändert sich gar nichts.

Brebel § 5 Abs. 3

Jegliche weitere körperliche Handlungen mit der Freundin deines Bros sind kein gültiges Ablenkungsmanöver und so weit wie möglich zu unterlassen.

Brebel § 5 Abs. 4

Scheitert die Hilfe und die Freundin erwischt deinen Bro, kannst du nicht dafür zur Rechenschaft gezogen werden, sofern keine grobe Fahrlässigkeit vorliegt. Während des Streits hast du jedoch stets zu deinem Bro zu halten.

Brebel § 5 Abs. 5

In einer Nachbesprechung hinter verschlossenen Türen steht dir offen, dich kritisch gegenüber den Taten deines Bros zu positionieren.

Brebel § 6

Die Schwester deines Bres ist auch deine Schwester, außer es ist schriftlich anders vereinbart.

Jeder kennt die Situation. Aufgrund deines äußerst ansprechenden Erscheinungsbildes finden dich fast alle Frauen attraktiv. So ist es auch kein Wunder, dass die Schwester deines Bros ein Auge auf dich geworfen hat. Im Normalfall ist das Verkehren mit der Schwester eines Bros ein absolutes No-Go und der Kontakt zu ihr auf ein Minimum zu reduzieren („Hallo", „Tschüss"). Hast allerdings auch du Interesse an der Dame, heißt es, Ruhe zu bewahren, der Dame den Sachverhalt zu schildern und nach einer Einverständniserklärung des Bruders zu fragen. Liegt diese vor, bist du frei wie ein Vogel (frei, zu vögeln).

Brebel § 6 Abs. 1

Es ist nicht erlaubt, eine Einverständniserklärung im Nachhinein einzuholen. Jedoch kann diese auch von einem Erziehungsberechtigten ausgestellt werden.

Brebel § 6 Abs. 2

Ist die Schwester deines Bros keine Schwester, sondern ein Bro, so ändert sich gar nichts.

Brebel § 6 Abs. 3

In der Einverständniserklärung ist zu definieren, ob es sich um eine einmalige oder längerfristige Erlaubnis handelt. In letzterem Fall ist im Vertrag die Laufzeit zu definieren. Die Kündigung ist von beiden Seiten nur innerhalb der gesetzten Fristen (drei Monate vor Ablauf der Erklärung) oder aus triftigem Grund möglich.

Brebel § 6 Abs. 4

Triftige Gründe zur vorzeitigen Auflösung der Einverständniserklärung sind zum Beispiel: Haftstrafen, Spielsucht (Bros spielen nur mit den Herzen der Frauen), Schulden beim Bro oder wenn bereits ein Einverständnis für die Schwester eines anderen Bros vorliegt.

Brebel § 6 Abs. 5

Stellt der Bro keine Einverständniserklärung aus, so hat er binnen 14 Tagen eine schriftliche Erklärung abzugeben, warum keine Erlaubnis erteilt wird. Hält er diese Frist nicht ein, gilt das Einverständnis auch ohne schriftliche Bestätigung als erteilt.

EINVERSTÄNDNISERKLÄRUNG

Verkehrungsvertrag
(mit der Schwester des Bros)

____

Vor- und Nachname

Geboren am _____________

wohnhaft in ____________________________

– Bruder der Dame –

und

____

Vor- und Nachname

Geboren am _____________

wohnhaft in ____________________________

– Der Verehrer der Dame –

und

____

Vor- und Nachname

Geboren am _____________

– Die Dame der Begierde –

Präambel

Gemäß geltenden Richtlinien, die unter Brebel § 6 niedergeschrieben sind, dient dieser Vertrag als offiziell gültiges Schriftstück, welches einen Bro ermächtigt, mit der Schwester seines Bros zu verkehren, sofern alle im Vertrag genannten Rahmenbedingungen eingehalten werden.

§ 1 Rechte und Pflichten des Bruders

Der Bruder der Dame willigt mit dem Unterschreiben dieses Vertrages ein, dass jegliche Einschränkungen, die für seinen Bro, den Verehrer seiner Schwester, gemäß einer üblichen Bruderschaft gelten, bis zum Ablauf oder Auflösung des Vertrags erlöschen. Dazu zählen sowohl das reine Verkehren mit seiner Schwester als auch das Entwickeln von Gefühlen, das Teilnehmen an Familienaktivitäten sowie sonstige Tätigkeiten, die einem festen Beziehungspartner gegenüber der Schwester vorbehalten sind. Verboten ist dadurch ebenfalls das mutwillige Manipulieren oder Zerstören des Verhältnisses zwischen seinem Bro und seiner Schwester. Abfällige Kommentare sind gänzlich zu unterlassen. Geschenke an Geburtstagen und Weihnachten sind weiterhin nur gegenüber der eigenen Schwester verpflichtend.

§ 2 Rechte und Pflichten des Verehrers (des Bros)

Der Verehrer der Dame verpflichtet sich mit dem Unterschreiben dieses Vertrages dazu, gegenüber des Schwester seines Bros zu jeder Zeit mit offenen Karten zu spielen und niemals unter falschem Vorwand zu agieren. Es ist auch erlaubt, frei von Gefühlen mit der Schwester des Bros zu verkehren, jedoch nur, wenn das zuvor genau so kommuniziert wurde. Geht der Verehrer der Dame eine feste Beziehung mit ihr ein, so hat er sich stets von seiner besten Seite zu zeigen. Bei Familienfeiern sind Witze oder unangebrachte Sprüche über den Bruder verboten.

An Weihnachten und Geburtstagen hat der Verehrer der Schwester nicht nur seiner Freundin (der Schwester selbst), sondern auch ihrem Bruder (dem Bro der Schwester seines Bros, seinem Bro) Geschenke zu machen. Das ist der Preis, den man zahlt, wenn man unbedingt die Schwester seines Bros daten möchte. Dazu zählt auch die uneingeschränkte Anwesenheitspflicht zu sämtlichen Familienfeiern, selbst wenn dadurch erhebliche Mehrkosten entstehen (etwa wenn man gerade ein Auslandsjahr in Australien macht und extra dafür Flüge buchen muss). Kommt es zu Streitigkeiten zwischen den beiden Geschwistern, hat der Verehrer stets zu seinem Bro zu halten, da dieser zuerst in sein Leben getreten ist und diese Bruderschaft auch nach Beendigung der Beziehung zu seiner Schwester weiterhin bestehen bleibt. Nicht erlaubt mit der Schwester ist außerdem das Verkehren vor den Augen des Bruders, der Eltern und anderer Angehöriger. Verboten ist ebenfalls das Anfertigen von Filmen während des Aktes oder öffentliches Verkehren, was zu lokalem oder nationalem Aufsehen führen könnte und auf den Bruder zurückfällt.

§ 3 Rechte und Pflichten der Schwester

Die Schwester hat kein gesondertes Recht zur Auflösung des Vertrags, da dieses Dokument lediglich regelt, dass der Bro es bei der Schwester seines Bros versuchen darf, nicht aber, dass die Schwester auch Bock auf ihn haben muss. Da die Schwester zu jeder Zeit die volle Kontrolle über die Situation hat, bedarf es auch nicht ihrer Unterschrift. Geht sie auf den Bro des Bruders ein, verpflichtet sie sich jedoch, Handlungen, die in der Beziehung stattfinden, niemals gegen ihren Bruder einzusetzen („Wenn du mich nicht in die Stadt fährst, erzähl ich dir ganz detailliert, was dein Bro gestern Nacht mit mir angestellt hat.“).

§ 4 Verhältnis der Bros

Beide männlichen Vertragspartner versichern, dass die intime Interaktion mit der Schwester des einen Bros zu keiner Zeit negative Auswirkungen auf die Beziehung zwischen den beiden Bros hat. Die Bruderschaft steht über allem und darf niemals unter äußeren Einflüssen leiden. Auch stimmen beide Vertragsparteien zu, niemals, wie sonst unter Bros üblich, über die intimen Handlungen zu sprechen, die mit der Schwester des einen Bros vorgefallen sind (es interessiert einen beim besten Willen nicht, was die Schwester im Bett macht).

§ 5 Widerrufsrecht & Vertragsauflösung

Dieser Vertrag kann ausschließlich schriftlich und unter Einhaltung der Kündigungsfrist von drei Monaten aufgelöst werden. Die Kündigung muss allen drei Vertragsparteien schriftlich vorliegen, um ihre Gültigkeit zu erlangen. Mündliche Kündigungen sind daher nicht zulässig.

Nach dem Unterschreiben des Vertrages tritt dieser unmittelbar in Kraft und kann ausschließlich durch ordentliche Kündigung widerrufen werden. Sonstige Widerrufsrechte gibt es nicht.

§ 6 Sonderkündigungsrecht

Verstößt eine der Parteien gegen vertraglich definierte Pflichten, so gilt der Vertrag als unmittelbar aufgelöst. Stimmt die Partei, die den Verstoß begangen hat, den Anschuldigungen nicht zu, so ist der Vertrag lediglich stillgelegt, bis ein entsprechendes Gericht über den Fall geurteilt hat. Das einzig gültige Gericht für solche Fälle ist der internationale Brebel-Gerichtshof mit den Bresidenten der Brebel als unabhängigen Richtern (schildert uns den Fall einfach per Instagram DM).

____

Unterschrift Bruder der Dame

____

Unterschrift Verehrer der Dame

EINVERSTÄNDNIS

Brebel § 7

Ein Bro trinkt niemals über seinen Durst, außer es geht nicht anders.

Fast jeder kennt die Situation. Du bist über achtzehn und mit drei Freunden auf einer Hausparty fernab der Zivilisation. Einer deiner Bros übergibt sich seit dreißig Minuten ohne Pause, ein weiterer schläft in der Badewanne im Obergeschoss und der dritte ist bereits seit zwei Stunden nicht mehr auffindbar. Eine attraktive Frau nähert sich und bietet dir ein Getränk an, das deinem geschulten Auge sehr hochdosiert erscheint (ehrenlose Mische). Auch wenn du instinktiv direkt zugreifen willst, weißt du dank dieses Paragrafen, warum dankend abzulehnen ist.

Brebel § 7 Abs. 1

Konkret trinkt ein Bro immer nur dann über seinen Durst, wenn das flüssige Produkt nicht bis zum abgeschlossenen Verdauungsprozess im Magen verbleibt, man Strecken von über fünf Metern nur mit der Hilfe anderer Bros zurücklegen kann, man Frauen anspricht, die offensichtlich weit über der eigenen Liga spielen, wenn man beim Tanzen mehr als sieben von zehn Takten nicht trifft oder wenn man außerhalb des Ballermanns Lieder singt, die dem Ballermann vorbehalten sind.

Brebel § 7 Abs. 2

Konkret geht es immer dann nicht anders, wenn ein Bro die eigene Trinkfestigkeit anzweifelt, wenn wirklich alle anwesenden Frauen auf einer Veranstaltung die eigenen optischen und persönlichen Ansprüche extrem unterschreiten, die Getränke zu Spottpreisen angeboten werden, eine Frau sagt, dass du sonst langweilig bist oder wenn ein besonderer Anlass es erfordert (Hochzeit, Scheidung, Freitagabend, Feierabend …).

Brebel § 7 Abs. 3

Diese Regel findet nur bei Personen Anwendung, die ohnehin regelmäßig saufen. Für Personen, die nie oder nur sehr selten Alkohol konsumieren, ist es ausnahmslos verboten, über den Durst zu trinken. In einem solchen Fall sind andere Bros verpflichtet, den Verzicht zu respektieren und wertzuschätzen, vor allem deshalb, weil die Nüchternen die Helden eines jeden guten Abends sind – die Fahrer.

Brebel § 7 Abs. 4

Gänzlich ist das Trinken über den Durst verboten, wenn die Trinkfestigkeit von einer fremden Person angezweifelt wird (außerhalb der eigenen Bros), die Preise der Getränke nicht in Relation zum eigenen Einkommen stehen oder ein wichtiges Ereignis am Folgetag bevorsteht (Arbeit, Geburtstag der Schwiegermutter, Geburt des eigenen Kindes).

Brebel § 7 Abs. 5

Über den Durst zu trinken ist auch dann generell verboten, wenn man unter achtzehn oder schwanger ist, sowieso schon Schulden bei seinen Bros hat, wenn man emotional angeschlagen ist oder der letzte Verbleibende mit klarem Verstand, wenn man am nächsten Tag fahren muss, wenn man am gleichen Tag fahren muss oder wenn der Arzt sagt, dass es eine dumme Idee sei zu trinken.

GUIDE: WAS IST EINE EHRENLOSE MISCHE?

– ERKLÄRT AN VERSCHIEDENEN GLÄSERN –

Da es zur ordnungsgemäßen Anwendung des Paragrafen des Talents bedarf, ehrenlose Mischen rein nach Augenmaß perfekt einzuschätzen, folgen nun einige Illustrationen, die man sich einprägen sollte. Die Linie gibt dabei jeweils den Füllgrad (Anteil) an hochprozentigem Alkohol im Glas an (>18 Prozent), ab welchem ein Drink zur ehrenlosen Mische wird. Ist das Glas nicht bis zu dieser Linie mit hochprozentigem Alkohol gefüllt oder der Alkohol, mit dem gemischt wird, hat unter 18 Prozent, gilt die Mische als „in Ordnung“.

Brebel § 8

Die Mutter deines Bros ist auch deine Mutter, außer sie ist sehr, sehr geil.

Jeder kennt die Situation. Du bist zum Geburtstag deines Bros eingeladen und musst dringend aufs Klo. Aus Komfortgründen entscheidest du dich für das Badezimmer anstelle der Gästetoilette. Beim Öffnen der Türe geschieht das Unerwartete: Die Mutter des Bros steht gerade unter der Dusche. Du entschuldigst dich und willst gerade den Raum wieder verlassen, doch anstatt sich zu erschrecken, zwinkert sie dir zu. Brebel § 8 lehrt dich, unter welchen Umständen du den Raum umgehend verlassen musst und in welchem Fall du das verlockende Angebot annehmen darfst.

Brebel § 8 Abs. 1

Eine Mutter ist dann sehr, sehr geil, wenn sie ohne weiteres mit zwanzig Jahre jüngeren Frauen mithalten kann, regelmäßig mit der eigenen Tochter verwechselt wird, anzügliche Kommentare abgibt und damit Signale sendet oder wenn alle Bros sich einig sind, dass sie sehr, sehr geil ist.

Brebel § 8 Abs. 2

Als Mutter zählt in diesem Kontext ausschließlich die leibliche Mutter. Stiefmütter, Schwiegermütter und Sugar Mommys sind ausgenommen und ein Bro darf sein Glück versuchen.

Brebel § 8 Abs. 3

Das Verkehren mit der Mutter eines Bros ist generell untersagt, wenn sie noch verheiratet ist. Nach einer Scheidung ist eine Schonfrist von zwölf Monaten einzuhalten, damit der eigene Bro sich emotional von der Situation erholen kann.

Brebel § 8 Abs. 4

Im Gegensatz zur Schwester ist hier keine Einverständniserklärung nötig. Man ist jedoch verpflichtet, seinen Bro zuvor über die Situation zu unterrichten. Die Entscheidung, ob es zu einer intimen Interaktion kommt, liegt jedoch nicht beim Bro, sondern bei der Erziehungsberechtigten des Bros (der Mutter selbst).

Brebel § 8 Abs. 5

Unabhängig davon, wie intim oder langfristig die Beziehung zwischen der eigenen Mutter und einem anderen Bro ist, verpflichtet man sich nie dazu, den eigenen Bro „Daddy“ oder „Papa“ zu nennen (auch nicht, falls es zur Hochzeit kommen sollte).

Brebel § 9

Ein Bro ist stets forsch zu seinem Bro, außer er zog bereits von dannen.

Jeder kennt die Situation. Ein Bro hat auf einer Party mal wieder deine Mutter abgeschleppt und du hast ihm bereits gesagt, wie wenig du davon hältst. Nun sitzt du traurig in der Ecke und wirst von einem anderen Bro gefragt, warum deine Laune so schlecht ist. Darf man sich in dieser Situation forsch gegenüber dem Mutter-Abschlepper-Bro äußern oder nicht? Die Antwort darauf gibt dieser Paragraf.

Brebel § 9 Abs. 1

Das Forschsein gegenüber einem Bro stellt eine Pflicht dar, da Nettsein für flüchtige Freunde vorbehalten ist und zeigt, dass die Bruderschaft noch weiteren Fortschritt braucht.

Brebel § 9 Abs. 2

Von dannen gezogen ist ein Bro dann, wenn er sich mehr als fünf Meter entfernt hat oder sich nicht mehr im gleichen Raum befindet. Ebenso ist das Forschsein untersagt, wenn er geistig von dannen gezogen ist (zum Beispiel durch ein Gespräch mit einer attraktiven Dame, durch Vertiefung in das Profil einer Dame auf IG oder wenn einfach kein Licht in seiner Birne leuchtet).

Brebel § 9 Abs. 3

Das Forschsein ist untersagt, wenn in der Gesprächsrunde der Crush des Bros, die Eltern, Großeltern, die Exfreundin, die Vorgesetzten oder die Kinder des Bros anwesend sind.

Brebel § 9 Abs. 4

Es ist gestattet, auch in Abwesenheit des Bros forsch zu sein, wenn man das Gesagte auch genauso in sein Gesicht sagen würde, es aus guter Absicht heraus macht oder wenn er in Handschellen ist (Gefängnis oder eine Freundin, die ihn nicht mehr rauslässt).

Brebel § 9 Abs. 5

Die Grenzen des Forschseins liegen im eigenen Ermessen. Grundsätzlich gilt jedoch: Humor unter Bros kennt keine Grenzen. Zwar kann man seinen Unmut über eine zu drastische Wortwahl äußern, jedoch darf man nie beleidigt sein und etwas persönlich nehmen.

Brebel § 10

Ein Bro zieht immer durch, was er angefangen hat, auch wenn sich die Umstände ändern.

Jeder kennt die Situation (sorry, wenn nicht). Du hast am Wochenende ein Date und schon all deinen Bros erzählt, was du alles mit der Dame anstellen wirst (vorausgesetzt, die Dame hat genauso viel Lust darauf). Beim Treffen wirkt dein Date jedoch sehr nervös und erzählt dir letztlich in tiefer Stimme, warum. Es stellt sich heraus, dass Hermine eigentlich Hermann ist und keine Dame, sondern ein Mann. Das wäre ja eigentlich kein Problem, wenn du nicht mit deinen Bros eine Wette am Laufen hättest, dass du einen Monat nicht mit anderen Männern schlafen darfst. Ob du nun trotz der großen Ankündigungen gegenüber deinen Bros einen Rückzieher machen darfst oder nicht, klärt dieser Paragraf.

Brebel § 10 Abs. 1

In Bezug auf Sport bedeutet dies, dass man verpflichtet ist, sein vorgenommenes Pensum durchzuziehen, auch wenn sich Gegebenheiten ändern wie ein gebrochener Arm, Unterbrechung durch Krankheit, Stress in der Arbeit, eine neue Freundin oder andere Ausreden.

Brebel § 10 Abs. 2

In Bezug auf Intimität bedeutet dies, dass man verpflichtet ist, alles durchzuziehen, was zuvor bei den eigenen Bros angekündigt wurde. Dabei spielt es keine Rolle, ob das Date sich als Catfish herausstellt, man nicht auf einer Wave ist, die Eltern im Nebenzimmer sind oder sie einen Bruder hat, der schon im Knast war.

Brebel § 10 Abs. 3

In Bezug auf Vereinbarungen mit den Bros bedeutet dies, dass man verpflichtet ist, sein Wort zu jeder Zeit zu halten. Dazu zählen bereits ausgemachte Reisen und Urlaube (auch wenn ein Sturm erwartet wird), Wetten (auch wenn man safe verliert), Wettkämpfe unter Bros (auch wenn man keine Chance hat) sowie jegliche anderen Vereinbarungen.

Brebel § 10 Abs. 4

Nicht verpflichtet durchzuziehen ist man dann, wenn es um die eigene Familie geht, zum Beispiel bei der Geburt des ersten Kindes, bei einem Krankheitsfall in der Familie, wenn nahestehende Angehörige Hilfe benötigen oder die Stiefschwester sich von ihrem Freund getrennt hat und jemanden braucht, der sie „tröstet".

Brebel § 10 Abs. 5

Nicht verpflichtet durchzuziehen ist man auch dann, wenn sich durch die geänderten Umstände eine lebensgefährliche Situation ergibt (der See, durch den man schwimmen wollte, ist voller Piranhas). Die Ausnahme tritt hier ein, wenn man gegenüber seinen Bros ein vorlautes Mundwerk hatte (große Fresse), weil man dann selber schuld ist.

Brebel § 11

Ein Bro teilt nie das Bett mit seinem Bro, außer eine Maid liegt bereit.

Jeder kennt die Situation. Aufgrund deines unpassenden Flirtversuchs an einem Barmädchen im Urlaubsresort ist deine Freundin mal wieder extrem sauer auf dich. Ein neuer Schlafplatz muss her! Glücklicherweise ist dein Bro so nett und bietet an, dass er sein Bett mit dir teilt. Warum du, obwohl deine Freundin schon jetzt extrem sauer ist, das Barmädchen klären musst, bevor du bei ihm schläfst, lehrt dich Brebel § 11.

Brebel § 11 Abs. 1

Als Bett gelten hierbei alle gängigen Standardmaße (90 × 200, 140 × 200, 160 × 200 und 200 × 200). Neben klassischen Bettgestellen zählen auch DIY-Bauten (Palettenbetten, räudige Matratzen auf dem Boden, aufblasbare Matratzen, Strohbetten). In all diesen Fällen ist das Teilen mit einem Bro nur unter Anwesenheit einer Maid gestattet.

Brebel § 11 Abs. 2

Ist die Maid deine Schwester, so darf das Bett nur dann mit einem Bro und einer Frau geteilt werden, wenn durch eure Adern nicht dasselbe Blut fließt (Stiefschwester ist okay).

Brebel § 11 Abs. 3

In Abwesenheit einer Frau ist das Teilen des Bettes nur dann legitim, wenn es sich um eine Isomatte oder Plane handelt (zum Beispiel auf Festivals), das Bett mindestens Kingsize hat und eine Kissenwand in der Mitte errichtet wurde oder wenn der Bro frisch getrennt ist und die körperliche Nähe gerade braucht.

Brebel § 11 Abs. 4

Ausnahmen, bei denen das Bett auch unter Anwesenheit einer Maid nicht mit einem Bro geteilt werden darf, sind, wenn die Maid zur Familie eines der Bros gehört (Mutter, Großmutter, Tante), wenn sie die Ex-Partnerin eines Bros ist oder sie in Zukunft potentiell eine feste Partnerin eines Bros werden könnte (auch wenn dem Bro das noch nicht bewusst sein mag).

Brebel § 11 Abs. 5

Wird das Bett mit einem Bro und einer beziehungsweise mehreren Frauen geteilt, so sind gewisse Anordnungen einzuhalten. Diese sind zur besseren Verdeutlichung nachfolgend grafisch dargestellt:

Anordnungen im Bett

Bei einer Frau: Mann, Frau, Mann

Wird das Bett zwischen zwei Bros und einer Frau geteilt, so ist die Anordnung „Mann, Frau, Mann“ einzuhalten. So wird sichergestellt, dass sich die Männer nicht zu nahekommen und keine Streitereien bezüglich der Dame entstehen. Außerdem ist die Dame so am besten durch Angriffe von außen geschützt.

Bei zwei Frauen: Mann, Frau, Frau, Mann

Befinden sich zwei Frauen und zwei Männer im Bett, so ist die Anordnung „Mann, Frau, Frau, Mann“ einzuhalten. So wird auch hier wieder maximaler Abstand zwischen den Männern gewährleistet. Außerdem können sich die Damen so am besten unterhalten und sind beidseitig geschützt.

Bei drei Frauen: Frau, Mann, Frau, Mann, Frau

Sind im Bett drei Frauen und zwei Bros vorzufinden, gilt die Anordnung „Frau, Mann, Frau, Mann, Frau“. Zwar sind hier die Frauen nicht so gut durch Angreifer oder Monster unter dem Bett geschützt, jedoch wäre jede andere Konstellation unfair, da ein Bro mehr Kontakt zu Frauen hätte als der andere.

Bei vier Frauen: Frau auf Mann, Frau, Frau, Frau auf Mann

Bei vier Frauen und zwei Männern ändert sich die Situation grundlegend. Aus der vorherigen Regel „der Fairness wegen“ wird nun die Regel „des Platzes wegen“, wodurch die Anordnung „Frau auf Mann, Frau, Frau, Frau auf Mann“ entsteht.

Brebel § 12

Ein Bro weint niemals, wenn ihm etwas Schlimmes passiert. Außer es passiert seinem Bro.

Jeder kennt die Situation. Du bist mit deinen Jungs im Fußballstadion und hast wieder einmal die Hände voll mit Unmengen trüber, gelblich-brauner Getränke. Da du deine Hände nicht zum Abstützen benutzen kannst, setzt du dich schwungvoll hin und rammst dir dabei einen ekligen Spreißel in den Hintern. Ob du jetzt weinen darfst (weil das echt mega wehtut) oder du warten musst, bis auch einer deiner Bros einen Spreißel im Hintern hat, lernst du in Brebel § 12.

Brebel § 12 Abs. 1

Unter Weinen versteht man hier konkret die Art von Weinen, die man auch von Kleinkindern und Babys kennt. Dies setzt voraus, dass dir in kurzen Abständen Tränen die Wange herunterrinnen und du dabei schluchzt. Das Herausdrücken einer Tapferkeitsträne ist kein Weinen.

Brebel § 12 Abs.2

Mit „etwas Schlimmes" ist hier alles gemeint, was deinen Bro traurig stimmt, ihn verletzt oder seine Laune verschlechtert. Es bedarf also keiner großen Sache, dass du für deinen Bro weinen darfst. Weinen ist schließlich etwas ganz Normales (außer bei dir selbst).

Brebel § 12 Abs. 3

Manchmal ist es auch in Ordnung zu weinen, wenn es einen selbst betrifft. Dies ist immer dann erlaubt, wenn damit der eigene Zustand maßgeblich verbessert werden kann. Beispiele können hier sein, dass nach einem Unfall du und eine weitere Person verletzt sind. Dadurch, dass du extrem weinst, vergrößert sich die Chance, dass dir zuerst geholfen wird (Überlebenschance erhöht).

Brebel § 12 Abs. 4

In Ausnahmefällen ist es nicht gestattet zu weinen, auch wenn deinem Bro etwas Schlimmes passiert. Dies ist vor allem dann der Fall, wenn die Freundin des Bros dabei ist, während ihm etwas Schlimmes passiert, und sie nicht denken soll, dass er „sensible Freunde" hat. Schließlich hat sie sich nur für ihn entschieden, weil er ein richtiger Bad Boy mit Bad Boy-Freunden ist (sie ist eigentlich viel zu heiß für ihn).

Brebel § 12 Abs. 5

Das Weinen in Bezug auf seinen Bro ist auch dann erlaubt, wenn man seine extreme Schadenfreude nur durch das „Weinen vor Lachen" ausdrücken kann. Dazu muss nichts Schlimmes passiert sein. Es reicht völlig, wenn der Bro ausgerutscht ist und sich komplett in den Dreck gelegt hat.

Brebel § 13

Läuft das Date deines Bros schlecht, so ist deine Hilfe sein gutes Recht. (Hilfe beim Erreichen des Ziels/Wingman)

Jeder kennt die Situation. Du bist auf einem Date und merkst recht schnell, dass du weder intellektuell noch finanziell auf dem Level der Dame bist. Ist es die Frau fürs Leben, kannst du sie vermutlich mit deinem tollen Charakter überzeugen. Geht es jedoch um eine einmalige Sache und dein Date interessiert sich nicht für deine inneren Werte, kommt man oft ohne externe Hilfe (Heldengeschichten über dich) nicht weiter. Ein Glück hast du Anspruch auf Unterstützung von außen.

Brebel § 13 Abs. 1

Als schlecht laufendes Date zählt ein Treffen in diesem Kontext immer dann, wenn das gewünschte Ziel in der Theorie noch erreichbar ist, jedoch nicht aus eigener Anstrengung heraus erreicht werden kann. Geht es nur noch darum, sich selbst in ein besseres Licht zu rücken, ohne dass die Chance auf „mehr" besteht, hat man keinen Anspruch auf Hilfe.

Brebel § 13 Abs. 2

Ein Bro muss seinem Bro bei einem schlecht laufenden Date nicht helfen, wenn er sich gerade selbst auf einem Date befindet, das dadurch Schaden nimmt, oder wichtige Veranstaltungen wie Hochzeiten naher Verwandter, Geburtstage der Eltern oder Ähnliches besucht.

Brebel § 13 Abs. 3

Es gibt keine Grenzen in Bezug auf den Umfang der zu leistenden Hilfe, sofern man sich, seine Familie oder hochrangige Politiker nicht in eine lebensgefährliche Situation bringt.

Brebel § 13 Abs. 4

Ein Bro muss sich für die erhaltene Hilfe nicht revanchieren, da dies eine geltende Pflicht unter Bros darstellt. Die Ausnahme ist hier, wenn der helfende Bro etwas extrem Ehrenloses tun muss (man bekommt auf die Fresse oder blamiert sich öffentlich etc.). In so einem Fall gilt es, beim nächsten Treffen jeden Wunsch von den Lippen deines Bros abzulesen.

Brebel § 13 Abs. 5

Sollte man beim Hilferuf des Bros nachweislich verhindert sein, so ist es die Pflicht des Bros, einen würdigen Ersatz zu suchen. Sollte kein anderer Bro Zeit haben, darf auf professionelle Hilfe zurückgegriffen werden (professionelle Date-Hilfe-Dienstleister). Die Kosten dafür hat der verhinderte Bro zu tragen.

Brebel § 14

Ein Bro benutzt seinen Bro nie als Fahrer, außer er hat für ihn mitgesorgt.

Jeder kennt die Situation. Du bist im Club und hast den ganzen Abend mit einer traumhaft schönen Dame getanzt. Die Zeit vergeht wie im Flug und du wirst letztlich bei Ladenschluss zusammen mit ihr aus dem Club geworfen. Bevor du zum Handy greifst, um deinen Bro um Abholung zu bitten, fällt dir auf, dass außer deiner Traumfrau nur noch Damen da sind, die dir und deinem Bro optisch absolut nicht zusagen. Warum nicht du, sondern dein Bro sich jetzt glücklich schätzen darf, lernst du in § 14.

Brebel § 14 Abs. 1

Unter „für ihn mitgesorgt“ versteht man, dass der Bro nicht nur für sich, sondern auch für seinen Bro eine attraktive Begleitung sichern muss. Sofern vorher abgesprochen, ist es auch möglich, die eigene Dame mit seinem Bro zu teilen. Falls der Bro kein Interesse an einer Begleitung für den Abend hat (weil er zum Beispiel in einer Partnerschaft feststeckt), so ist das „Mitsorgen“ auch in Form von leckerem Essen möglich.

Brebel § 14 Abs. 2

Einen Rückzieher in letzter Sekunde darf der fahrende Bro immer dann machen, wenn der andere Bro über den Attraktivitätsstand der versprochenen Dame gelogen hat (es ist keine 7/10, sondern eine 4/10) oder das Essen mittlerweile kalt ist. Der Bro muss in einem solchen Fall selber schauen, wo er bleibt, und für die entstandenen Fahrtkosten aufkommen.

Brebel § 14 Abs. 3

Der Bro darf nur dann als Fahrer missbraucht werden, wenn nicht für ihn mitgesorgt wurde, sofern alle Taxiunternehmen bereits geschlossen haben, ihm keine ausreichenden finanziellen Mittel mehr zur Verfügung stehen oder er nur so mit seinem absoluten Traum-Date nach Hause kommt. In einem solchen Fall muss das „Mitsorgen“ am darauffolgenden Tag nachgeholt werden.

Brebel § 14 Abs. 4

Es gelten seitens des Fahrers folgende Verhaltensregeln: Sofern es sich bei der Begleitung des Bros um eine attraktive Dame handelt, ist auf das schönste zur Verfügung stehende Auto zurückzugreifen. Handelt es sich um eine Frau, die weit über der Liga des Bros spielt, ist das Auto vorher zu waschen, zu saugen und gegebenenfalls zu polieren. Die Kosten für die Reinigung hat im Nachgang der Bro zu tragen.

Brebel § 14 Abs. 5

Es gelten seitens des Mitfahrers folgende Verhaltensregeln: Die Fahrzeit wird dafür eingesetzt, den Fahrer bestmöglich bei den im Auto anwesenden Damen zu verkaufen. Jegliche Kritik an Fahrstil, Musikauswahl oder Geruch des Duftbaums ist gänzlich zu unterlassen. Im Nachgang sind die Fahrtkosten zu erstatten (nicht vor den Damen, das kommt übel cringe).

Brebel § 15

Auch wenn der Weg noch weit ist, lautet die richtige Angabe der Zeit: „Bin in zwei Minuten da."

Jeder kennt die Situation. Du bist mit einem Bro verabredet, doch zum Zeitpunkt des Treffens stehst du noch unter der Dusche. Ganz nach dem Motto „Wenn schon zu spät, dann richtig." gehst du die Sache jetzt ganz entspannt an. Vierzig Minuten nach der vereinbarten Zeit folgt der erste wütende Anruf des Bros. „Wo bleibst du?" Dank Brebel § 15 weißt du nun, dass du guten Gewissens sagen kannst, dass du in zwei Minuten da bist, auch wenn zwischen dir und deinem Bro noch dreißig Kilometer Autobahn liegen.

Brebel § 15 Abs. 1

Ausnahmen, in denen absolut präzise Zeitangaben gemacht werden müssen, sind geschäftliche Termine (Geld ist dicker als Wasser), Double-Dates mit einem Bro und wenn der Fahrer bereits vor der Tür steht und fragt, wie lange man noch braucht.

Brebel § 15 Abs. 2

Die Aussage „Bin in zwei Minuten da." ist repräsentativ für die tatsächliche Zeitspanne von zwei bis dreißig Minuten. In diesem Zeitraum ist auch eine Beschwerde des Bros unzulässig, da es sich noch nicht um eine echte Verspätung handelt. Darüber hinaus ist auf die Aussage „Denke so fünf Minuten." zu wechseln. Bei Verspätungen von über einer Stunde ist den anwesenden Bros eine angemessene Entschädigung zu entrichten, da dies der maximal zulässigen Zeit entspricht (Geld oder Sachwerte).

Brebel § 15 Abs. 3

Gehören auch eine oder mehrere Frauen zur Reisegruppe, sind Verspätungen von über einer Stunde zulässig. In einem solchen Fall weiß jeder, dass es aufgrund von möglicherweise auftretenden Komplikationen ehrenlos spät wird (verlaufenes Make-up, Outfit muss noch mal gewechselt werden, positiver Schwangerschaftstest oder dem Freund die Klamotten aufs Bett legen, weil er unselbstständig ist).

Brebel § 15 Abs. 4

In Ausnahmefällen ist auch das Wording „bin da" angebracht. Dies ist immer dann zu wählen, wenn man sich an einem unabhängigen Ort mit einem Bro trifft, von dem bekannt ist, dass dieser sowieso immer zu spät kommt (mindestens in acht von zehn Fällen).

Brebel § 15 Abs. 5

Eine Angabe über die zu erwartende Verspätung ist nur dann zu liefern, wenn explizit danach gefragt wird. Die Verspätungszeit bis zur Rückfrage wird mit dem Faktor 0,5 verrechnet. Die maximal zulässige Verspätung wird damit wie folgt ermittelt:

(ZEIT BIS RÜCKFRAGE × 0,5) +
TATSÄCHLICHE VERSPÄTUNG = <1 STUNDE

Brebel § 16

Läuft das Date deines Bros schlecht, ist deine Hilfe sein gutes Recht (Hilfe bei der Flucht aus einer unangenehmen Lage).

Jeder kennt die Situation. Du bist auf einem Date und schon bei der Begrüßung merkst du, dass die Person, die vor dir sitzt, nur wenig mit der Person zu tun hat, die du auf der Dating-Plattform deines Vertrauens kennengelernt hast. Im Gespräch ergibt sich außerdem, dass sie ihr Portemonnaie zu Hause vergessen hat und sich trotzdem für den Hummer auf der Karte entscheidet (du hast nur einen kleinen Beilagensalat bestellt). Warum dein Bro verpflichtet ist, dir in dieser brenzligen Situation zu helfen, lehrt dich dieser Paragraf.

Brebel § 16 Abs. 1

Als schlecht laufendes Date zählt ein Treffen in diesem Kontext immer dann, wenn es sich bei dem Date um einen Catfish handelt, falsche Erwartungen geweckt wurden, unerwarteterweise die eigene Cousine kommt, es sich um die Ex-Freundin oder die verheiratete Mutter eines Bros handelt (siehe § 8) oder die Wertvorstellungen zu weit auseinandergehen.

Brebel § 16 Abs. 2

Anders als bei § 13 muss man seinem Bro bei der Flucht aus einem Date auch dann helfen, wenn man sich gerade selbst auf einem Date befindet, das dadurch Schaden nimmt. Auch andere wichtige Veranstaltungen wie Hochzeiten naher Verwandter, Geburtstage der Eltern oder Ähnliches sind keine Entschuldigung. Eine Ausnahme bildet, wenn die Hilfe körperlich, technisch oder finanziell nicht stemmbar ist.

Brebel § 16 Abs. 3

Wie schon bei § 13 ist auch hier der Umfang der zu leistenden Hilfe grenzenlos. Der einzige Unterschied besteht darin, falls das Date des Bros in einem anderen Land stattfindet. Dann gilt die Faustregel: Bei Dates bis tausend Kilometer sei niemals der Miesepeter.

Brebel § 16 Abs. 4

Ein Bro muss sich für die erhaltene Hilfe nicht revanchieren, da dies eine geltende Pflicht unter Bros ist. Anders als bei § 13 muss man sich in diesem Fall selbst dann nicht revanchieren, wenn der helfende Bro etwas extrem Ehrenloses tun musste (man bekommt auf die Fresse, man blamiert sich öffentlich etc.), da die potentiell gebrochenen Gefühle des Bros genug Kosten sind, die ihm entstehen.

Brebel § 16 Abs. 5

Sollte man beim Hilferuf des Bros nachweislich verhindert sein oder die im Abs. 3 angegebenen tausend Kilometer überschritten werden, ist es die Pflicht des Bros, einen würdigen Ersatz zu suchen. Im Inland ist hier auf professionelle Hilfe auszuweichen (die Kosten sind selbst zu tragen). Im Ausland darf auch die Polizei unter falschem Vorwand auf den Bro gehetzt werden (eine Nacht in der Zelle ist besser als ein schlechtes Date).

Brebel § 17

Ein Bro ist stets ein High Performer und ein High Performer macht sich's mindestens drei Mal am Tag.

Jeder kennt die Situation. Deine schulischen Leistungen sind mal wieder am Tiefpunkt angelangt und du hast absolut keine Ahnung, woran es liegen kann. Auch lernen bringt dich nicht mehr weiter und du fragst einen Bro nach einem guten Rat. Warum dein Bro dir empfiehlt, selbst Hand anzulegen, obwohl er weiß, dass du schon sehr gut dabei bist, lehrt dich dieser Paragraf.

Brebel § 17 Abs. 1

Es ist unter gewissen Umständen gestattet, dieses Pensum nicht zu erfüllen. Mögliche Ausnahmen sind hier, wenn die Freundin oder die Affäre(n) bereits ein außerordentliches Maß an Leistung abverlangt haben, eine Verletzung am Rohr oder an den Edelsteinen vorliegt, eine solche Verletzung nachweislich kurz bevor- oder der Bro kurz vor einem geschäftlichen Durchbruch steht (Business first).

Brebel § 17 Abs. 2

Ein High Performer macht es sich mindestens drei Mal am Tag, jedoch nie mehr als sechs Mal, da sonst jegliche Energie dem Körper entweicht. Der Erhalt der körperlichen Leistung ist eines der obersten Güter eines Bros.

Brebel § 17 Abs. 3

In Ausnahmefällen ist auch ein Pensum von mehr als sechs Mal ratsam. Dies ist vor allem dann der Fall, wenn ein Arzt dies empfiehlt, nach einer Trennung oder wenn man sich in einer Selbstfindungsphase befindet (macht den Kopf frei).

Brebel § 17 Abs. 4

Als High Performer ist man stets eigenständig und darf sich keine Hilfestellung bei der zu erbringenden Leistung suchen. Ausnahmefälle sind lediglich, wenn beide Arme bis zur Unbrauchbarkeit verletzt sind (Helfende-Hand-Regelung) oder wenn man seiner festen Freundin über fünf Jahre die perfekte Technik angelernt hat.

Brebel § 17 Abs. 5

Zwar ist externe Hilfe durch andere Personen nicht gestattet, jedoch darf zur Unterstützung auf Medien (digital und print) zurückgegriffen werden. Beispiele für erlaubte Hilfestellungen sind hier Zeitschriften, Videos, Bilder, Tonaufnahmen, Skulpturen oder der eigene Kontostand (sofern sechsstellig oder das erste Mal nicht im Dispo).

Da wir wissen, dass es in jedem Freundeskreis eine Person gibt, die sich etwas schwer tut, wenn es darum geht, längere Texte zu lesen (oder wenn es darum geht, etwas Komplexeres als atmen, essen, trinken und schlafen zu tun), haben wir die Quintessenz aus dem Paragrafen nochmals bildlich für dich dargestellt.

Brebel § 18

Im Monat November ist es strengstens verboten, es sich selbst zu machen, außerein Bro gibt dir Hilfestellung.

Jeder kennt die Situation. Ein harter Arbeitstag geht zu Ende, du hast alle Aufgaben erledigt und genießt die letzten Stunden vor dem Schlafen. Wie jeden Abend überkommt dich die Lust auf ein Abenteuer und du besuchst die Website deines Vertrauens. Das Problem: Bei der Auswahl des Films fällt dir auf – es ist November. Gibt es jetzt wirklich keine Möglichkeit, diesen Überdruck abzubauen, und wenn nein, darf dann wenigstens ein Kollege aushelfen? Brebel § 18 bringt Licht ins Dunkel.

Brebel § 18 Abs. 1

Konkret ist jegliche Handlung verboten, die mit der intensiven Interaktion des eigenen Jürgens zu tun hat. Dazu zählen das Würgen des Jürgen, der Feuerbohrer, der Proteinshaker, das Tauziehen und der Missbrauch vibrierender Gegenstände (Handy, Stabmixer, Waschmaschine etc.).

Brebel § 18 Abs. 2

Ausnahmen, bei denen es dennoch erlaubt ist, sich die Palme zu schütteln, sind, wenn man sich kurz zuvor von seiner Freundin getrennt hat (nur bei unvorhersehbarer Trennung, da sonst damit geplant werden muss), wenn damit ein Leben gerettet werden kann, wenn damit Leben geschenkt werden kann (Samenspende) oder wenn die Gesundheit auf dem Spiel steht (Überdruck kurz vor dem Platzen – Letzteres ist mit ärztlichem Gutachten zu bestätigen).

Brebel § 18 Abs. 3

Als Hilfestellung durch einen Bro zählt alles, was zur Erfüllung des Gesamtziels beiträgt. Dazu gehören Hand oder Mund anlegen sowie der Einsatz von Spielzeug oder geeignetem Werkzeug wie Rohrzange und Hochdruckreiniger. Verboten ist lediglich der intensive Augenkontakt mit dem Bro.

Brebel § 18 Abs. 4

Die Hilfestellung ist eine freiwillige Leistung und impliziert keine automatische Gegenleistung. Sollte dies gewünscht sein, muss dies im Vorfeld kommuniziert und schriftlich oder oral vereinbart werden. Es gehört allerdings zum guten Ton, hier auf Augenhöhe zu arbeiten.

Brebel § 18 Abs. 5

Der Monat November beginnt in der Nacht zum ersten November und endet in der Nacht zum ersten Dezember. Als Grundlage wird hierfür der weltweit am meisten verbreitete, christlich-gregorianische Kalender herangezogen.

Brebel § 19

Fällt ein Treffen mit einer Frau auf die gleiche Zeit wie ein Treffen mit deinen Jungs, gehen deine Jungs immer vor – außer sie ist extrem heiß.

Jeder kennt die Situation. Dein Crush, die dich jahrelang ignoriert hat, meldet sich aus heiterem Himmel bei dir. Sie teilt dir mit, dass sie ihrem Ex eins auswischen möchte und deswegen heute bereit wäre, auch mal jemand Hässlichen zu „daten". Das Problem – das wöchentliche Jungstreffen steht an und eine Absage ist eigentlich ausgeschlossen. Ob du diese einmalige Chance wahrnehmen darfst oder wieder jahrelang ignoriert wirst, lehrt dich § 19.

Brebel § 19 Abs. 1

Eine Frau gilt immer dann als „extrem heiß", wenn sie mindestens drei Punkte im Rating über dem des Bros liegt. Genaues zur Punktevergabe findet sich unter Brebel § 50.

Brebel § 19 Abs. 2

Sonderfälle, bei denen das Treffen mit einer Frau dennoch wahrgenommen werden darf, sind, wenn der Bro noch nie oder schon lange keinen intimen Kontakt mit einer Dame hatte, sowie kurz vor oder nach einem Beziehungsende. In einem solchen Fall muss in gemeinsamer Absprache mit den Bros eine sogenannte Zwischenlösung gefunden werden, zum Beispiel das virtuelle Zuschalten der Frau via Video-Call (bei stumm geschaltetem Mikrofon wegen Gesprächen unter Bros). In der realen Welt verabredet sich der Bro an einem Ort, an dem er zu Fuß zwischen beiden Treffen pendeln kann, oder er begrenzt die Begegnung mit der Dame nur auf das Nötigste und kehrt dann sofort wieder zu seinen Jungs zurück.

Brebel § 19 Abs. 3

Das Mitbringen fremder Personen zu einem Treffen mit den Jungs ist grundsätzlich ausgeschlossen. Dies gilt sowohl für flüchtige Freunde und Personen, die als Fahrer zweckentfremdet wurden, als auch für das Date eines Bros, wodurch dies auch nicht als gangbare Zwischenlösung vorgeschlagen werden darf.

Brebel § 19 Abs. 4

Kommt es aufgrund einer „extrem heißen" Dame zur Absage eines Treffens mit seinen Bros, muss eigenverantwortlich ein Ausweichtermin gefunden werden. Entstehen den anderen Bros hierbei zusätzliche Kosten durch Arbeitsausfälle (Kosten, die dem Arbeitgeber entstehen, Kosten für Anreise zum Arzt zwecks gelben Scheins), müssen diese vom absagenden Bro getragen werden.

Brebel § 19 Abs. 5

Absagen sind absolute Ausnahmen und dürfen keine Regelmäßigkeit werden. Zeichnet sich hier bei einem Bro ein Muster ab, dürfen die anderen Bros auch bei einer „extrem heißen“ Dame von einem Vetorecht Gebrauch machen und somit das Treffen verweigern.

Brebel § 20

Ein Bro hat sich angemessen von seinem Bro zu verabschieden.

Jeder kennt die Situation. Dein Zug fährt bereits am Bahnhof ein und du hast dich noch nicht von deinen Bros verabschiedet. Die im Freundeskreis übliche Verabschiedung ist eine 45-sekündige Choreografie, wodurch du es niemals rechtzeitig auf den Zug schaffen würdest. Ob man in diesem Fall auf eine kürzere Verabschiedung ausweichen darf und welche Anforderungen daran gestellt werden, lernst du in diesem Paragrafen.

Brebel § 20 Abs. 1

Als angemessene Verabschiedung gelten alle eigens entwickelten Handschläge, Fußschläge, von Celebrities übernommene und abgewandelte Kreationen, Salutieren oder der gute alte Händedruck (mit Schmackes).

Brebel § 20 Abs. 2

Nicht erlaubt sind einfache High-Fives, eine simple Bro-Fist, die Faust ins Gesicht, Anzwinkern, rein verbale Verabschiedungen, unlustige Alman-Sprüche, Küssen (auch zugeworfene Küsse), über die Wange streicheln oder Umarmungen mit Händen an den Hüften.

Brebel § 20 Abs. 3

Eine angemessene Verabschiedung ist nicht verpflichtend, wenn man sich kurz davor die Karotte geschält hat, pinkeln war, ohne die Hände zu waschen, oder der Bro keine Gliedmaßen mehr besitzt. Nach Möglichkeit ist dann ein Fußschlag anzuwenden.

Brebel § 20 Abs. 4

Es ist keine gültige Ausnahme, eine angemessene Verabschiedung zu verweigern, wenn man seine Hände voll hat, da in einem solchen Fall die in der Hand befindliche Ware abgestellt oder alternativ auf einen anerkannten Fußschlag ausgewichen werden muss. Auch Zeitdruck stellt keine Ausnahme dar, da die Länge der Verabschiedung planbar ist.

Brebel § 20 Abs. 5

Bei Verabschiedungen in großen Gruppen ist sich die Zeit zu nehmen, jeden der Anwesenden mit einer angemessenen Verabschiedung zu verabschieden. Alternativ darf hier auf eine eigens entwickelte Gruppenverabschiedung ausgewichen werden. Dabei gelten dieselben Anforderungen wie bei Einzelverabschiedungen.

Brebel § 20 Abs. 6

Handelt es sich bei der Verabschiedung von seinem Bro um eine Frau, so ändert sich gar nichts! Dies gilt auch dann, wenn die angewandte Verabschiedung Fehlinterpretationen von Außenstehenden auslösen kann.

Brebel § 21

Der Dialog beim Wasserlassen wird toleriert, sofern der Blick dabei nach vorne oder auf die eigene Flinte gerichtet bleibt.

Jeder kennt die Situation. Du bist auf einem Festival und entleerst deine prall gefüllte Blase in einer heruntergekommenen Pissrinne. Neben dir taucht ein alter Klassenkamerad auf und verwickelt dich in ein intensives Gespräch. Darf man in dieser Situation in die ausführliche Plauderei einsteigen oder muss man den Dialog abwimmeln? Und wenn ja, darf man ihm dabei in die Augen schauen? Diese Fragen werden hier geklärt.

Brebel § 21 Abs. 1

Konkret spricht man von „gemeinsamem Wasserlassen", wenn zwei oder mehr Männer im gleichen Raum oder mit weniger als acht Meter Abstand gleichzeitig pinkeln. Dabei spielt es keine Rolle, ob es sich um eine private, eine öffentliche oder eine improvisierte Toilette handelt (Festival, Baum, Hauswand).

Brebel § 21 Abs. 2

Nicht jedes Gesprächsthema ist beim Wasserlassen toleriert. So ist es verboten, über berufsbezogene Themen zu sprechen, über gemeinsame Ex-Freundinnen, kürzlich verstorbene Personen, emotionale Gefilde (seine Gefühle) oder den PH-Wert seines eigenen Urins (Welcher Freak redet darüber?).

Brebel § 21 Abs. 3

Gespräche beim Wasserlassen sind grundsätzlich verboten, wenn der potentielle Gesprächspartner offensichtlich schon mit dem Akt des Wasserlassens selbst gänzlich überfordert ist (durch Einfluss von Substanzen oder schwache Blase), falsche Signale gesendet werden könnten oder wenn ein gesteigertes Aggressionspotential im Gesicht des Gegenübers herauszulesen ist.

Brebel § 21 Abs. 4

Auf die Flinte des Bros zu schauen, ist nur dann erlaubt, wenn es ausdrücklich erwünscht ist, zum Beispiel bei einem sogenannten Schwanzvergleich oder einem Weitpinkel-Wettbewerb. Im zweiten Fall gelten folgende Regeln:

- Die Startlinie wird nicht anhand der Füße, sondern anhand der Gliedspitze ermittelt. Dadurch bleibt gewährleistet, dass nur der reine Strahl die Entscheidung bringt (sofern einer der Bros extrem begünstigt ist).
- Der Strahl muss ohne Unterbrechung den Boden berühren.
- Das Rotieren oder eine schnelle Nach-unten-oben-Bewegung sind untersagt.
- Das Glied darf lediglich einen 135-Grad-Winkel haben.

- Bei unterschiedlicher Höhe muss der Jürgen auf die gleiche Ebene gebracht werden.

Brebel § 21 Abs. 5

Sonderfälle, bei denen es sogar erlaubt ist, die Flinte des Bros zu halten, treten ein, wenn der Bro selber nicht mehr in der Lage ist, seine Flinte ordnungsgemäß über das Pissoir zu bugsieren (er sudelt alles voll). Dies kann vor allem bei zu starkem Alkoholkonsum oder einer Erektionsstörung der Fall sein. In einem solchen Fall sollten sich die Blicke trotzdem nicht kreuzen (Augenkontakt vermeiden).

Zur besseren Veranschaulichung der in Abs. 4 genannten Regeln folgt eine Illustration, die diese bestmöglich in bildlicher Form darstellt. Da wir verständlicherweise keine männlichen Genitalien darstellen können, haben wir uns für eine sehr eindringliche Alternative entschieden, die die Größenunterschiede in unserer Gesellschaft perfekt zum Ausdruck bringt.

180°
135°

Brebel § 22

Muss dein Bro, um eine Frau zu überzeugen, am anderen Ufer schwimmen, so schwimmst du mit ihm.

Jeder kennt die Situation. Du willst bei deinem Crush übernachten, aber ihre Eltern würden das niemals erlauben. Die einzige Chance wäre es, wenn die Eltern glasklar davon überzeugt sind, dass du nur mit ihr befreundet bist (vom anderen Ufer). In einem solchen Fall klärt die Brebel, ob dein Bro gegen seinen Willen für dich über seinen Schatten springen und eine temporäre romantische Beziehung mit dir führen muss, um die Eltern von deinem Crush zu überzeugen – auch wenn dies zum Streit mit seiner tatsächlichen Freundin führen könnte.

Brebel § 22 Abs. 1

„Am anderen Ufer schwimmen" meint in diesem Kontext konkret jegliche verbalen und körperlichen Handlungen, die entgegen der eigentlichen sexuellen Orientierung sind. Dazu zählen süße Kosenamen, Zärtlichkeiten, regelmäßige Anrufe, der Wortlaut „Ich liebe dich.", während man sich in die Augen sieht etc.

Brebel § 22 Abs. 2

Wie weit man in einem solchen Fall gehen muss, sollte im Vorfeld bei der Bündnisschließung einer neuen Bruderschaft besprochen, verhandelt und bestenfalls schriftlich vereinbart werden.

Brebel § 22 Abs. 3

Sonderfälle, bei denen man seinen Bro nicht unterstützen muss, sind, wenn es sich bei der Frau um deinen Crush oder deine Schwester handelt, wenn Verwandte davon Wind bekommen würden, dein Bro echt abstoßend ist (Mundgeruch beim Küssen etc.) oder er deiner Fake-Beziehung bereits mit einem anderen Bro fremdgegangen ist (ehrenlos, auch wenn es keine echte Beziehung ist).

Brebel § 22 Abs. 4

Die Tarnung ist grundsätzlich immer so lange aufrechtzuerhalten, bis das gewünschte Endziel erreicht wurde, jedoch nie länger als zwei volle Mondphasen.

Brebel § 22 Abs. 5

Die Tarnung ist auch vor anderen Leuten aufrechtzuerhalten, weil man nie weiß, wer wen kennt (die Welt ist ein Dorf, stets kann was durchsickern). Ausnahmen sind der eigene Vater, die eigene Freundin (wenn sie denkt, man geht ihr fremd), der eigene Crush oder auch der Bro selbst (falls er sich wirklich in dich verliebt hat).

Brebel § 23

Dein Bro sitzt immer vorne, außer die Hochzeit mit deiner Freundin steht kurz bevor.

Jeder kennt die Situation. Einer deiner Bros hat dich dazu überredet, das Auto auf dem Weg zur Party zu überladen. Aus heiterem Himmel geratet ihr jedoch in eine Polizeikontrolle. Schnell wird den Polizisten klar, dass es sich bei deinem Twingo nicht um einen 7-Sitzer handelt. Wie die Situation vor der Polizei aufzuklären ist, wer Schuld hat und wer für entstehende Strafen aufkommen muss, lernst du in Brebel § 23.

Brebel § 23 Abs. 1

Mit kurz davor ist gemeint, wenn sich die Hochzeit binnen der nächsten vierzehn Tage (nächsten zwei Wochenenden) ereignet und alle Gäste bereits verbindlich eingeladen wurden, da sonst die Möglichkeit einer vorzeitigen Trennung zu hoch ist. Desweiteren muss im Vorhinein mit den Bros geklärt sein, ob beim Standesamt mit „ja" geantwortet wird.

Brebel § 23 Abs. 2

In Ausnahmefällen kann es auch dazu kommen, dass die verheiratete Gattin hinten sitzen muss. Das ist immer dann der Fall, wenn die eigene Mutter mitfährt oder es sonst zu schwierigen Sitzkombinationen führen könnte. Zum Beispiel, wenn zwei Bros sich streiten, weil sie den gleichen Crush haben, die ebenfalls mitfährt, oder weil sich sonst ein Bro neben seine Ex-Freundin setzen muss.

Brebel § 23 Abs. 3

Die eigene Freundin darf im unverheirateten Fall nur dann vorne sitzen, wenn sie ein Kind erwartet (bestenfalls von dir), die mitfahrenden Bros ihr Vorrecht abtreten oder es sich um eine Luxus-Limousine handelt, bei denen die guten Sitze mit Fernseher hinten sind.

Brebel § 23 Abs. 4

Gibt es mehr potentielle Mitfahrer als Sitzplätze im Auto, so muss die zuletzt angemeldete Person laufen. Alternativ kann die Person im Kofferraum mitfahren, muss jedoch im Falle einer Polizeikontrolle angeben, dass sie sich in das Auto geschlichen hat und niemand der im Auto befindlichen Personen davon wusste. Ebenso sind entstehende Kosten für Strafen von dieser Person zu tragen.

Brebel § 23 Abs. 5

Fahren zwei Bros und die Freundin des Fahrers im selben Auto mit, so bleibt der Beifahrersitz frei und alle drei Mitfahrer sitzen hinten, damit der eine Bro den anderen kontrollieren kann (ob der Schlingel seine Finger bei sich behält).

Brebel § 24

Beim Toilettengang ist ein Mindestabstand von einer Toilettenbreite einzuhalten. Ist dies nicht möglich, so ist das Waschbecken aufzusuchen.

Jeder kennt die Situation. Du bist auf einer Party und musst seit über einer halben Stunde so dringend pinkeln, dass dir fast der Gartenschlauch platzt. Auf dem Weg zur Toilette wirst du aber wie so oft acht Mal in ein Gespräch verwickelt. Bei der Ankunft der große Schock: Nur die Mittel-Toilette (Todeszone) zwischen zwei anderen vermeintlichen Männern ist frei. Ob du die Toilette benutzen darfst oder in diesem Fall wirklich vor allen Menschen ins Waschbecken pinkeln musst, lehrt dich dieser Paragraf.

Brebel § 24 Abs. 1

In Ausnahmefällen ist auch weniger Abstand zum Nebenmann (oder -frau) möglich. Dies ist immer dann der Fall, wenn es sich dabei um die eigene Freundin handelt, man gerade mit einem Bro über ein sehr privates Thema spricht, das umstehende Personen nicht mitbekommen dürfen, oder wenn es nur zwei Toiletten gibt und weder ein Waschbecken zur Verfügung steht noch Abs. 4 Anwendung findet.

Brebel § 24 Abs. 2

In Einzelfällen ist auch der Abstand von einer Toilettenbreite nicht ausreichend. Dieser Fall tritt dann ein, wenn der Nebenmann aufgrund von Trunkenheit die Kontrolle über seinen Zauberstab verliert und alles trifft außer die Toilette, wenn zu erwarten ist, dass sich beim Pinkeln ein würziger Furz löst, und wenn es viele Toiletten gibt und es total unangebracht wäre, sich so nahe an den Nebenmann zu stellen.

Brebel § 24 Abs. 3

Der Mindestabstand bei Pissrinnen ohne klare Breite oder unter freiem Himmel beträgt, wie bei Urinalen mit Trennwänden, genau 1,25 Meter. Falls der Nebenmann und du keinen Zollstock zur Verfügung haben (Sesselpupser), geht man immer von der Spagatbreite eines Durchschnittsmanns von 1,80 Meter aus.

Brebel § 24 Abs. 4

Steht kein Waschbecken zur Verfügung, ist nach einer Toilettenpflanze, einem Mülleimer oder einem großen, herumstehenden Glas oder einer Flasche zu suchen. Falls nicht vorhanden, muss sich das Pinkeln verkniffen werden, bis ein Urinal frei ist, oder du lässt es optional einfach laufen

Brebel § 24 Abs. 5

In öffentlichen Einrichtungen ist es nicht immer leicht herauszufinden, welche der vielen möglichen Toiletten benutzt werden muss. Nachfolgende Grafiken stellen dies dar und regeln es verbindlich.

ANORDNUNG BEIM PINKELN

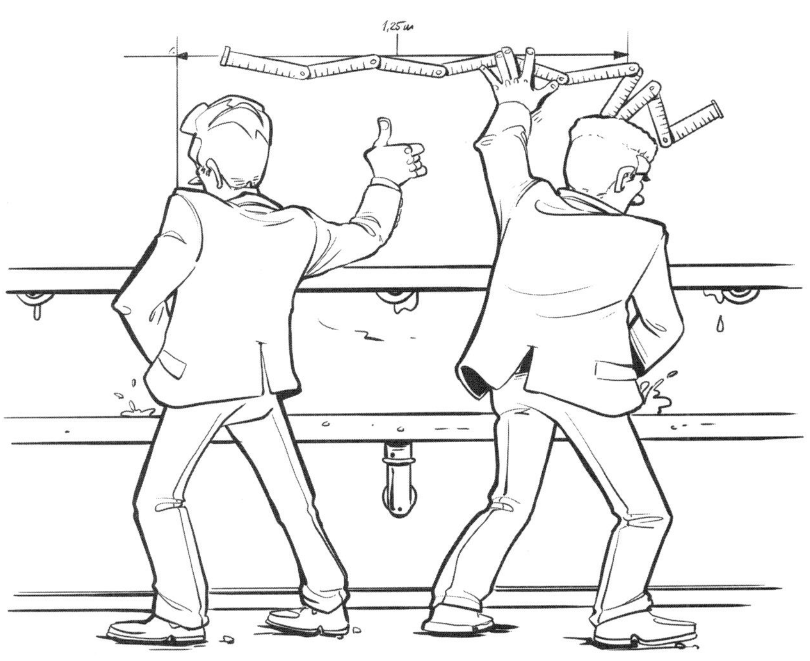

Im hier dargestellten Fall ist die Toilette ganz rechts aufzusuchen, da so der maximale Abstand zwischen den zwei Pissern gewährleistet werden kann.

In diesem Fall ist die Toilette in der Mitte zu benutzen, da sonst der Abstand zu einem der anderen Pisser kleiner als eine Toilettenbreite wäre.

Bei dieser Anordnung ist die dritte Toilette von links zu wählen, da so der Abstand von mindestens einer Toilettenbreite gewahrt werden kann und trotzdem der maximale Abstand zur Tür entsteht (je weiter von der Tür entfernt, desto sicherer).

Wie schon im Paragrafen selbst geregelt, kann hier kein Mindestabstand von einer Toilettenbreite gewährleistet werden, wodurch das Waschbecken aufzusuchen ist.

Findet man einen solchen Fall vor, ist selbstverständlich die Seite zu wählen, auf der noch kein anderer Pisser steht. Außerdem ist die Toilette zu wählen, die im Vogelperspektiven-Zick-Zack-Muster den größten Abstand zu den anderen gewährleistet.

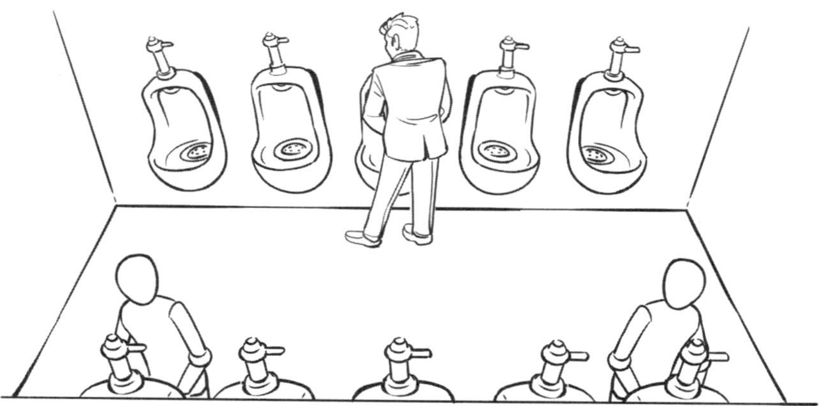

Wie auch in Grafik 5 wird nur durch die Wahl einer ganz bestimmten Toilette der maximale Abstand garantiert (im Zweifel abmessen oder berechnen).

Brebel § 25

Wohnt dein Bro noch zu Hause, so ist es deine Aufgabe, seine Tarnung aufrechtzuerhalten.

Jeder kennt die Situation. Du triffst dich mit einer älteren Dame (Milf) und gibst vor, dass du bereits Ende zwanzig bist, eine eigene Firma mit dreißig Angestellten führst und leidenschaftlich gerne in der eigenen luxuriösen Küche mit Kochinsel kochst. Die Dame ist hin und weg, möchte den langweiligen Kennenlern-Part überspringen und direkt mit dir nach Hause. Warum du in diesem Fall entspannt bleiben kannst, obwohl alles gelogen ist, lehrt dich Brebel § 25.

Brebel § 25 Abs. 1

Unter „zu Hause wohnen" versteht man konkret das Hausen in denselben vier Wänden wie die Eltern. Dabei spielt es keine Rolle, ob es getrennte Bäder gibt, eine extra Küche verbaut ist oder wie groß die zur Verfügung gestellten Räumlichkeiten sind. Die weit verbreitete Aussage „Ich habe da wie so eine Art eigene Wohnung im Keller." stellt somit eine Form des Zuhausewohnens dar. Ein gesonderter Eingang ist verpflichtend (richtige Haustüre, keine eigene Balkontüre).

Brebel § 25 Abs. 2

Es ist die Aufgabe eines Bros, die Tarnung seines zu Hause wohnenden Bros aufrechtzuerhalten. Damit geht die Verpflichtung einher, den Crush des Bros oder dessen Dates im Glauben zu lassen, dass der Bro eigenständig ist. Auch muss er im Zweifel seine eigene Wohnung zur Verfügung stellen. Ist dies nicht möglich, muss für den Bro eine Wohnung angemietet werden. Die Kosten werden im Nachhinein verrechnet.

Brebel § 25 Abs. 3

Steht einem Bro kein Haus oder keine Wohnung zur Verfügung, die einem anderen Bro vorübergehend überlassen werden kann, und reichen die eigenen finanziellen Mittel nicht aus, eine Wohnung zu mieten, muss eigenständig ein Ersatz-Bro ausfindig gemacht werden, der die Räumlichkeiten stellt oder finanziell unterstützt.

Brebel § 25 Abs. 4

Verhaltensregeln für den Bro, dem die Wohnung gestellt wird: Es dürfen keine abfälligen Kommentare über den Zustand der Wohnung gemacht werden, Verbrauchsgüter sind selbstständig mitzubringen oder im Nachgang zu ersetzen (Klopapier, Kondome, Nudeln), sanitäre Anlagen zu säubern oder eine Bargeldsumme auf dem Küchentisch zu hinterlassen, damit die Kosten für eine professionelle Reinigung gedeckt sind.

Brebel § 25 Abs. 5

Verhaltensregeln für den Bro, der die Wohnung zur Verfügung stellt: Sämtliche Bilder, die Familienangehörige des Bros, den Bro selbst oder Playboy-Cover-Models zeigen, sind umzudrehen oder zu entfernen. Außerdem sind unangebrachte Gegenstände wie Pokale (wenn der Bro eher ein Loser ist), Erwachsenenspielzeuge, die Haustiere oder Mitbewohner vorübergehend außer Sicht zu schaffen.

Brebel § 26

Kannst du deinen Bro vor dem Knast bewahren, so bewahre ihn vor dem Knast.

Jeder kennt die Situation. Du bist gemeinsam mit deinem Bro in seinem Auto unterwegs und wirst wegen eines kaputten Rücklichts von der Polizei angehalten. Schnell wird dem Beamten bei der Kontrolle klar, dass das Baustellenschild auf der Rückbank offensichtlich nicht auf legalem Wege käuflich erworben wurde. Da es sich dabei um das achte Baustellenschild in diesem Monat handelt, drohen nun ernsthafte Konsequenzen für deinen Bro. Ob du die Schuld auf dich nehmen musst oder dein Bro selbst schuldig ist (dumm ist, wer denselben Fehler acht Mal macht), lernst du in diesem Paragrafen.

Brebel § 26 Abs. 1

Der Umfang der Hilfe ist von der individuellen Situation abhängig, beinhaltet aber vor allem das Spielen mit dem eigenen Charme, das Dummstellen und die Verweigerung einer Aussage gegen den Bro. Kleinere Verletzungen oder auch Lackschäden, die bei einer Verfolgungsjagd am eigenen oder an fremden Autos entstehen, sind jedoch in Kauf zu nehmen, sollten aber im Nachgang beglichen werden. Fahrerflucht ist verboten (und extrem ehrenlos).

Brebel § 26 Abs. 2

Es ist nicht verpflichtend, seinen Bro vor dem Knast zu bewahren, wenn man sich dadurch selbst belasten oder in Gefahr bringen würde (so tun, als hätte man eine geladene Waffe). Dies ist aber nur dann gültig, wenn durch die riskante Aktion eine Haft- oder Bewährungsstrafe oder bleibende körperliche Schäden entstehen würden. Potentielle Geldstrafen sind bis zu einer Höhe von 25 Euro selbst zu tragen.

Brebel § 26 Abs. 3

Nachdem ein Bro vor dem Knast bewahrt wurde, hat er sich angemessen zu revanchieren. Mögliche Wiedergutmachungen können sein, dass der Bro den nächsten Urlaub bezahlt, utopische Mengen Flüssignahrung zur Verfügung stellt (sofern vom Bro gewünscht) oder Ganzkörpermassagen ausführt (mit Leidenschaft und Öl).

Brebel § 26 Abs. 4

Falls der Bro unerwarteterweise doch in den Knast kommen sollte, muss der Bro seine Kaution in vollem Umfang bezahlen. Bei nicht ausreichenden finanziellen Mitteln sind Leihgaben von der Familie, guten Freunden oder Kreditinstituten wahrzunehmen. Sollte dies nicht möglich sein, weil bereits Schulden bestehen, müssen Wertgegenstände, Immobilien oder Wertpapiere verkauft werden, um den Bro schnellstmöglich aus dem Knast zu holen.

Brebel § 26 Abs. 5

Bleibt es trotz aller Bemühungen unmöglich, den Bro vor dem Knast zu bewahren, so ist für bestmögliche Haftbedingungen zu sorgen. Die maximal mögliche Anzahl an Besuchen ist auszureizen, das Geld des Bros in der Zwischenzeit optimal zu investieren (Aktien oder Spielo) und gewünschte Waren ohne Widerrede mit ins Gefängnis zu bringen (bei illegalen Artikeln im Zweifel in Körperöffnungen).

Brebel § 27

Ein Bro ist immer ausnahmslos ehrlich zu seinem Bro, wenn es um dessen Gattin geht (Beziehungen ab fünf Jahren, Ehefrau).

Jeder kennt die Situation. Dein Bro ist seit Wochen schlecht gelaunt, reagiert auf Nachfrage nur mit einem einfachen „alles gut" und wechselt danach direkt das Thema. Da er in der Blüte seines Lebens steht, finanziell gut aufgestellt ist und eine starke Bruderschaft an seiner Seite hat, kann es nur einen Grund geben, weshalb er so bedrückt ist – seine Gattin. Als richtiger Bruder ist es deine Pflicht zu helfen! Wie weit du bei deiner Hilfe gehen darfst und ob du eventuell sogar Vorkehrungen treffen musst, falls es zu einer Trennung kommt, lehrt dich Brebel § 27.

Brebel § 27 Abs. 1

In diesem Kontext ist mit „ausnahmslos ehrlich“ die unschöne, aber begründete Kritik an einer laufenden Beziehung des Bros gemeint. Es dürfen keine schwierigen Details ausgelassen werden, um dem Bro den Ernst der Lage klarzumachen.

Brebel § 27 Abs. 2

Das Gespräch muss unter vier Augen stattfinden, damit keine äußeren Einflüsse den Ausgang der Konversation beeinflussen können (die Gattin). Anders als bei § 4 muss dabei auf die Gefühle des Bros geachtet und auf Vulgärsprache verzichtet werden. Schließlich sind die beiden seit vielen Jahren ein (unglückliches) Paar.

Brebel § 27 Abs. 3

Mit „seiner Gattin“ ist die Ehefrau, die langjährige Freundin (ab fünf Jahren Beziehung) und die Stiefschwester (ebenfalls ab fünf Jahren Beziehung) gemeint. Feste Freundinnen (unter fünf Jahren), Sugar Mommys, sogenannte Seelenverwandte und Ex-Freundinnen sind nicht inbegriffen und werden unter § 4 behandelt.

Brebel § 27 Abs. 4

Da durch das Gespräch eine Trennung sehr wahrscheinlich wird, sind im Vorhinein Vorkehrungen zu treffen, die den Bro im Anschluss an die Trennung entlasten. Dazu zählen das Beschaffen von Kita-Plätzen für seine Kinder, eine Betreuung für seinen Hund oder auch das Klarmachen einer „vorübergehenden neuen Freundin“ durch entsprechende Online-Portale.

Brebel § 27 Abs. 5

Hört dein Bro nicht auf deinen Ratschlag, musst du selbst aktiv werden und weitere Gründe suchen, die für einen Beziehungsabbruch sorgen. Möglichkeiten wären, die Gattin des Bros zu verführen, um ihm zu zeigen, dass sie ein schlechter Mensch ist, ihre dunkle Vergangenheit herauszufinden oder dem Bro ein Ultimatum zu stellen, dass er aus der Bruderschaft fliegt, sollte er sich nicht trennen. Letzteres muss Grund genug sein, denn die Bruderschaft ist die höchste aller Instanzen. Falls das nicht klappen sollte und der Bro freiwillig die Bruderschaft auflöst (Freundschaft beendet), ist ihm erst recht die Bruderschaft zu kündigen (doppelter Rauswurf).

Brebel § 28

Ein Bro rettet seinen Bro immer vor einer potentiell schlechten Beziehung.

Jeder kennt die Situation. Die Freundin deines Bros ist eine absolute Furie und verbietet ihm schon wieder, dass er sich am Abend mit seinen Jungs trifft. Trotz mehrerer subtiler Hinweise versteht dein Bro noch immer nicht, dass er sich mit dieser Beziehung ins Verderben stürzt. Ob du in so einer Situation Klartext mit deinem Bro sprechen darfst, auch wenn damit seine Gefühle zutiefst verletzt werden, wird nachfolgend detailliert aufgeschlüsselt.

Brebel § 28 Abs. 1

Unter einer potentiell schlechten Beziehung versteht sich konkret eine Beziehung, die nicht auf Augenhöhe oder in falscher Absicht geführt wird. Dies ist dann der Fall, wenn die Frau den Bro negativ beeinflusst, ihn kontrolliert, seine Bros nicht mag, nur auf sein Geld aus ist oder auf seine Performance im Bett oder über ihn den Zugang zu hochwertigen Kontakten erlangen möchte.

Brebel § 28 Abs. 2

Wenn der Bro mehrfach über seine schlechte Beziehung aufgeklärt wurde und noch immer nicht darauf reagiert (Beziehung beendet oder fremdgeht), darf ein Ultimatum gestellt werden. Nach Ablauf des Ultimatums ist nicht nur die Freundschaft zu dem Bro beendet, der das Ultimatum gestellt hat, sondern auch die Freundschaft zu allen anderen Bros im Freundeskreis.

Brebel § 28 Abs. 3

Es ist grundsätzlich verboten, eine negative Reaktion zu zeigen, sollte man von einem Bro über seine eigene schlechte Beziehung aufgeklärt werden. Dies passiert in ausnahmslos guter Absicht und ist ein selbstloser Akt, der bestenfalls sogar entlohnt werden sollte.

Brebel § 28 Abs. 4

In Einzelfällen ist es nicht verpflichtend, einzugreifen und seinen Bro auf den Missstand hinzuweisen. Das ist vor allem dann der Fall, wenn der Bro sich gerade in einer schwierigen Phase befindet, in der er die Trennung nicht verkraften würde, oder er mit der Frau zusammenwohnt und allein gar nichts geschissen bekäme (Wäsche waschen, selber anziehen). Dies bildet jedoch nur eine vorübergehende Lösung und keinen Dauerzustand. Ein Bro muss außerdem nicht eingreifen, wenn sich der Bro als Wiederholungstäter herausstellt und einfach nicht aus seinen Fehlern lernt oder die gemeinsame WhatsApp-Bros-Gruppe stumm geschaltet hat.

Brebel § 28 Abs. 5

Bei Verdacht auf eine untreue Freundin darf ein Bro die Dinge selbst in die Hand nehmen und den Versuch starten, die Freundin des Bros zu klären, um ihre Untreue zu beweisen. Geht sie darauf ein, muss die Freundin des anderen Bros beglückt und davon ein Videobeweis angefertigt werden. Im Anschluss ist dieser dem Bro zu zeigen, um ihm einen eindeutigen Beweis und Grund zu liefern, seine Beziehung zu beenden. Ohne diesen Beweis ist der Bro der Freundschaft fremdgegangen und wird aus der Bruderschaft ausgeschlossen.

Brebel § 29

Respektiert die Maid die Zeit mit den Bros nicht, so nimm ihr etwas von gleichem Gewicht.

Jeder kennt die Situation. Du schaffst es aufgrund eines stressigen Alltags, wenn überhaupt, nur noch einmal die Woche abends mit deinen Jungs zu zocken. Kaum ist das Spiel angeworfen und die erste Runde gestartet, die offensichtlich nicht einfach pausiert werden kann, kommt die Freundin deines Bros um die Ecke und stellt deplatzierte Fragen wie: „Wann können wir dieses Jahr die Terrasse neu fliesen?“ Er ist zwar weiter Teil des Spiels, jedoch sichtlich abgelenkt, was man auch an seiner Leistung am Joypad erkennt. Muss dein Bro hier ein Machtwort sprechen oder darfst du sogar stellvertretend für ihn eingreifen? Diese Fragen werden unter Brebel § 29 geklärt.

Brebel § 29 Abs. 1

Unter dem Term „die Zeit mit den Bros respektieren“ versteht sich jegliche Aktivität, die der Bro mit seinen Bros unternimmt. Unabhängig davon, ob diese Termine offline (grillen, gemeinsam kuscheln, Kinobesuche) oder online (COD-Lobbys, Teamspeak oder Discord-Sessions) stattfinden.

Brebel § 29 Abs. 2

Mit dem Begriff „Maid“ ist in diesem Zusammenhang nicht nur die eigene feste Freundin gemeint, sondern jegliche Personen, welche die Idylle einer Zusammenkunft unter Bros stören. Darunter fallen ebenso Mütter, Schwestern, andere Verwandte, flüchtige Freunde, Arbeitskollegen oder Vorgesetzte.

Brebel § 29 Abs. 3

In Ausnahmefällen ist es in Ordnung, die Zeit eines Bros nicht zu respektieren. Dies ist dann der Fall, wenn durch das Stören der Situation eine einmalige oder nur in diesem Moment stattfindende bessere Chance entsteht, seine Zeit zu verbringen (die Freundin macht einen Mädelsabend und alle wollen gemeinsam an dir für ihre Masseurinnen-Ausbildung trainieren).

Brebel § 29 Abs. 4

Die Verhältnismäßigkeit beim „etwas von gleichem Gewicht nehmen“ muss immer gegeben sein. So ist es nicht erlaubt, der Gattin des Bros bei nur einmaligem Verstoß verbal oder finanziell zu schaden. Falls sie jedoch eine Wiederholungstäterin ist und den Bro systematisch von seinen Bros fernhalten möchte, kann und muss eine Lektion erteilt werden. Die Bruderschaft ist das oberste Gut und dieses muss verteidigt werden, egal was es kostet (sie kostet).

Brebel § 29 Abs. 5

In Einzelfällen dürfen die Bros eingreifen, wenn durch die Rücksichtslosigkeit der Maid für alle anwesenden Bros Konsequenzen drohen. Dies ist dann der Fall, wenn zum Beispiel ein Tisch für vier Personen reserviert wurde und wegen ihr am Ende nur drei kommen (weil der eine Bro zu Hausarrest verdonnert wurde), wodurch die Bros an dem ungeliebten Tisch am Eingang sitzen müssen. In diesem Fall dürfen sich die Bros stellvertretend oder gemeinsam an der Freundin rächen.

Brebel § 30

Ein Bro lässt stets die Finger von der Freundin seines Bros, außer er dient als Vertretung.

Jeder kennt die Situation. Du warst noch letzte Woche mit Freunden im Urlaub und kommende Woche steht bereits die nächste Reise mit deinen Arbeitskollegen an. Deine Freundin ist davon sichtlich genervt und dein Instinkt sagt dir, dass du zum gesunden Erhalt der Beziehung unbedingt Zeit für sie aufbringen musst. Der Urlaub mit den Kollegen ist aber jedes Jahr wieder ein Spektakel, das man sich auf keinen Fall entgehen lassen möchte (Malle ist nur einmal im Jahr). Darf ein Bro hier aushelfen und deinen Job als guten Partner vorübergehend übernehmen, oder musst du die Beziehung aufs Spiel setzen? Wie damit umzugehen ist, erfährst du nachfolgend.

Brebel § 30 Abs. 1

Die „Finger von der Freundin zu lassen", impliziert selbstverständlich auch, dass man die Finger von einer Fast-Freundin, dem Crush oder dem Date des Bros lassen muss. Ausnahmen sind hier, wenn der Bro einen Crush auf gefühlt jede Frau dieser Welt hat (Bro, chill) oder er damit einverstanden ist.

Brebel § 30 Abs. 2

Die Vertretungsregelung findet immer dann Anwendung, wenn der Bro voll oder zum Teil verhindert ist, an Interaktionen mit der Freundin teilzunehmen. Dazu zählen Geschäftsreisen, Urlaube, Auszeiten sowie körperliche Einschränkungen durch Verletzungen, Übermüdung oder Krankheit.

Brebel § 30 Abs. 3

Der Umfang der Vertretung kennt fast keine Einschränkungen. Jegliche verbale und intime Interaktion mit der Freundin des Bros ist erlaubt, mit Ausnahme des Wortlauts „Ich liebe dich." und dem Küssen der Freundin (Rest geht klar).

Brebel § 30 Abs. 4

Falls die Freundin des Bros nach dem Vertretungsakt Gefühle entwickelt, hat man den Bro darüber schnellstmöglich in Kenntnis zu setzen und sich für einen gewissen Zeitraum (bis Gras drüber gewachsen ist) von dessen Freundin fernzuhalten. In diesem Fall muss sich der vertretende Bro selbst darum kümmern, einen anderen, geeigneteren „stellvertretenden Bro" zu finden, weil er sich offensichtlich zu sehr ins Zeug gelegt oder falsche Zeichen gesendet hat (selbst schuld).

Brebel § 30 Abs. 5

Falls der Bro nicht komplett ausfällt und nur zu Teilen eingeschränkt ist, wie etwa durch eine Stimmbandentzündung, die ihm das Sprechen verunmöglicht, darf der Bro in dieser Dreier-Konstellation alle Aufgaben für seinen Bro übernehmen – auch solche, die unter Abs. 3 ausgeschlossen sind („Ich liebe dich." sagen, Küssen oder als Sprecher beim Akt fungieren).

FRAUENSPRACHE

Da es vielen Männern schwerfällt, ihren Bro angemessen zu vertreten, soll der nachfolgende Part dabei helfen, die Kommunikation mit der Herzensdame deines Bros zu erleichtern. Einfach wird es trotzdem nicht. Aber zumindest besser.

Für die Männerwelt ist es oft schwierig, Frauen richtig zu verstehen, weswegen wir es uns zur Aufgabe gemacht haben, ein bisschen Licht ins Dunkel zu bringen. Dank unserer enormen Erfahrung mit Frauen, die wir über viele Jahre sammeln konnten, können wir dir heute die „Frauensprache" in diesem kurzen Guide anhand von drei Beispielen etwas näherbringen.

Jeder kennt die Situation. Du redest mit einer jungen Dame, denkst dir nichts Böses und aus irgendeinem Grund schaffst du es nicht, mit ihr auf einen Nenner zu kommen. Der Fehler liegt (vielleicht) nicht bei dir, da Frauen oft nicht ausdrücken wollen oder können, was sie wirklich meinen (Männer auch nicht, aber das ist nicht unser Fachgebiet).

Wir geben dir dafür drei Beispiele:

Beispiel 1:

Du merkst, dass deine Freundin schlecht gelaunt ist und stellst die Frage: *„Was ist los?"*

Sie antwortet mit: *„Nichts."*

Für dich ist die Situation jetzt wahrscheinlich geklärt und du lebst im Glauben, dass sie nur schlechte Laune hat, weil sie noch nicht geschminkt ist und deshalb extrem abgefuckt aussieht (wie sie es selbst gerne sagt).

Das ist aber ein Trugschluss ... in Wahrheit meint sie mit *„nichts"* nämlich:

„Ich werde dir nicht sagen, was los ist. Auch wenn es unmöglich ist, weil ich dir keine Auskunft gebe, musst du eigenständig herausfinden, warum ich

sauer bin. Grundsätzlich ist es nur wichtig, dass du weißt, dass du an allem Übel meines Lebens schuld bist (seit Geburt, auch wenn wir uns noch nicht so lange kennen).“

Beispiel 2:

Auf die Frage …

„Hast du etwas dagegen, dass ich mich heute Abend mit den Jungs treffe?“

… antwortet sie mit: *„Kannst du ruhig machen, das ist deine Entscheidung.“*

Für dich ist die Frage jetzt wahrscheinlich geklärt und du denkst, es wäre wirklich deine eigene Entscheidung, weil du ein erwachsener Mann bist. Vorsicht, Trugschluss! Was sie wirklich meint, ist:

„Wenn du dummer Elch jetzt wirklich etwas mit deinen Freunden unternimmst, obwohl du dich genauso gut mit mir zu Hause langweilen könntest, werde ich eine Woche nicht mit dir reden.“

Beispiel 3:

Auf die Frage …

„Ich möchte mir was zu essen bestellen, hast du auch Hunger?“

… antwortet sie mit: *„Nein, ich habe keinen Hunger.“*

Du denkst nun selbstverständlich, dass du nur für dich selbst etwas zu essen bestellen musst, weil deine Freundin keinen Hunger hat.

Grober Anfängerfehler! In Wirklichkeit meint sie damit:

„Ich habe Hunger und wenn du nichts für mich mitbestellst, esse ich einfach bei dir mit.“

Brebel § 31

Ein Bro setzt sich immer hohe Ziele! Auch wenn sie unerreichbar scheinen.

Jeder kennt die Situation. Es beginnt ein neues Jahr und alle sind damit beschäftigt, sich Neujahrsvorsätze zu machen. Als du deinen Bro nach seinen Zielen für den neuen Lebensabschnitt fragst, bekommst du nur von ihm zu hören, dass er sich keine Ziele setzt, weil er sie sowieso nicht erreichen würde. Warum das nicht nur extrem traurig und armselig klingt, sondern auch ein Verstoß gegen die Gesetze der Brebel bedeutet, lehrt dich Brebel § 31.

Brebel § 31 Abs. 1

Als „hoch" gilt ein Ziel immer dann, wenn das Gewünschte noch nie oder bisher nur zeitlich begrenzt erreicht wurde, zum Beispiel bei dem Versuch, mit dem Rauchen aufzuhören, langfristig Gewicht zu verlieren (sofern man einen BMI über 25 hat) oder die Liebe seines Lebens zu überzeugen. Außerdem sind hohe Ziele jene, die für Außenstehende wie ein Witz klingen („Ich möchte reichster Mensch der Welt werden." oder „Ich möchte eine Freundin finden.").

Brebel § 31 Abs. 2

Sich ein entspannteres Ziel zu setzen, ist immer dann erlaubt, wenn man im Vorjahr mindestens 85 Prozent seiner gesteckten Ziele erreicht hat (Recovery Year), man an einem Wendepunkt in seinem Leben steht oder kurz vor der absoluten finanziellen Freiheit und daher die Zeit anderweitig benötigt, die Freundin Schluss gemacht hat und man erst mal „einiges nachholen" muss oder ein „Braten in der Röhre" steckt (im besten Fall bei der Freundin).

Brebel § 31 Abs. 3

Es ist wichtig, sich beim Erreichen seiner hoch gesteckten Ziele selbst zu belohnen. Dies kann entweder in Form von Sachleistungen des moderaten Preissegments geschehen wie durch neue AirPods oder einen Autoaufkleber mit dem eigenen Insta-Namen darauf, sich aber auch im hochpreisigen Bereich bewegen, der zusätzlich motiviert (wie durch ein Auto-Leasing, das man sich eigentlich noch gar nicht leisten kann).

Brebel § 31 Abs. 4

Falls man beim Erreichen des Ziels Probleme bekommt, hat man das Recht auf Unterstützung seiner Bros. Die Hilfe darf nur verbal erfolgen (gut zureden, motivierende Zitate vorlesen, beleidigen, falls im Freundeskreis üblich), da das Ziel immer eigenständig erreicht werden muss. Die helfenden Bros haben das Recht, ihre Leistungen in Rechnung zu stellen. Die Bezahlung entspricht dem aktuell gültigen gesetzlichen Mindestlohn, damit der Fokus auf der Motivation des Bros und nicht der eigenen Bereicherung liegt.

Brebel § 31 Abs. 5

Werden gesetzte hohe Ziele nicht erreicht, gibt es eine einmonatige Fristverlängerung. Falls auch danach noch das Versagen vorherrscht, werden alle Bros versammelt, um in einem sogenannten Männerabend über eine verhältnismäßige „Bestrafung“ zu debattieren. Mögliche Maßnahmen können sein: asoziale Hauspartys bei dem Bro, Vergabe seines Autos für Anfahrten auf verregnete Festivals, Verpflichtung, für das ganze angebrochene Jahr den Fahrer zu spielen etc.

Brebel § 32

Übernachtest du mit deiner Freundin und deinem Bro und es gibt nur ein Bett, so schläft der Bro auf der Couch.

Jeder kennt die Situation. Du hast deine Selbstständigkeit gestartet und im ersten Monat bereits einen sechsstelligen Umsatz erwirtschaftet. Zur Feier des Tages planst du zusammen mit deinem besten Bro einen Kurztrip nach Mallorca. Am Flughafen fällt dir auf, dass die Freundin deines Bros nicht nur die Fahrerin ist, sondern deinen Bro mit psychologischen Tricks davon überzeugt hat, dass es eine Spitzenidee wäre, wenn sie euch begleitet. Natürlich wurde im Eifer des Gefechts kein weiteres Zimmer gebucht und es stellt sich nun die Frage, wer zusammen im Bett und wer auf der Couch schlafen muss. Genau für diesen Fall beziehen wir in Brebel § 32 Stellung.

Brebel § 32 Abs. 1

In diesem Kontext ist mit dem Begriff „Freundin“ immer eine feste Freundin, eine verheiratete Freundin (auch Ehefrau genannt) oder auch die eigene „Perle“ gemeint. Andere „Freundinnen“ (F+-Freundinnen, Affären etc.) haben keinen Anspruch auf eine Bevorzugung und werden gleich behandelt wie ein einfacher Bro (oder schlechter).

Brebel § 32 Abs. 2

Unter gewissen Umständen muss ein Bro nicht auf der Couch, sondern darf mit seinem Bro und dessen Freundin in einem Bett schlafen. Ausnahmen sind etwa ein extrem großes Bett (Kingsize), eine offene Beziehung des Bros (egal ob ein- oder beidseitig) oder wenn die Freundin des Bros unter 1,60 Meter ist, da in diesem Fall nicht von Platzmangel gesprochen werden kann.

Brebel § 32 Abs. 3

Kommt es zu dem in Abs.2 genannten Fall, gelten im Bett klare Vorgaben über die einzuhaltende Anordnung aller Protagonisten. Zur besseren Veranschaulichung sind diese nachfolgend grafisch dargestellt:

ANORDNUNGEN IM BETT

—TEIL 2—

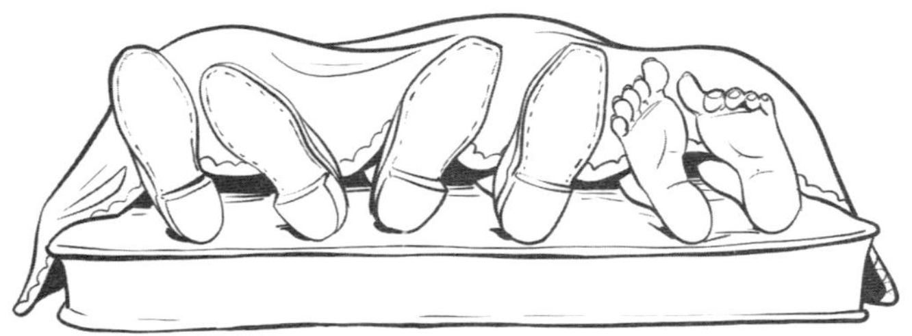

Bei einer monogamen Beziehung: Bro, Freund, Freundin

In einer monogamen Beziehung ist die Anordnung Bro, Freund, Freundin einzuhalten. So wird der maximale Abstand zwischen dem Bro und der Freundin des anderen Bros gewährleistet. Außerdem hat der Bro in der Mitte dadurch die Möglichkeit zu entscheiden, mit wem er kuscheln möchte, falls er mit einer Partei im Streit ist

Bei einer monogamen Beziehung: Bro, Freundin auf Freund

In einer monogamen Beziehung ist eine weitere Anordnung möglich: Bro, Freundin auf Bro. Das trifft immer dann ein, wenn der Bro einen schlechten Tag hatte und aufgemuntert werden muss. (Hierbei handelt es sich nur um einen kurzen Zustand und es ist deine Pflicht als Bro, den Akt auf das Wesentliche zu beschränken, damit die Schlafqualität deines Bros nicht darunter leidet.)

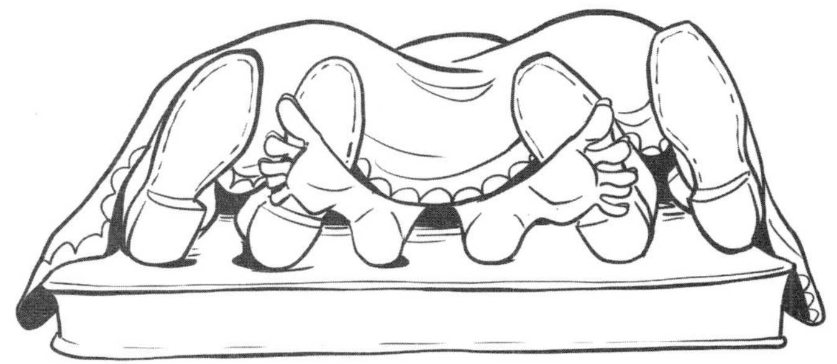

Bei einer offenen Beziehung: Freund, Freundin, Bro

Bei einer offenen Beziehung ändert sich die Situation grundlegend. Jetzt ist nicht mehr der weiteste Abstand zu der Freundin des Bros, sondern der größtmögliche Abstand zwischen dir und deinem Bro einzuhalten. Es ergibt sich also die Anordnung: Freund, Freundin, Bro. Außerdem muss sich so keiner der Bros allein fühlen.

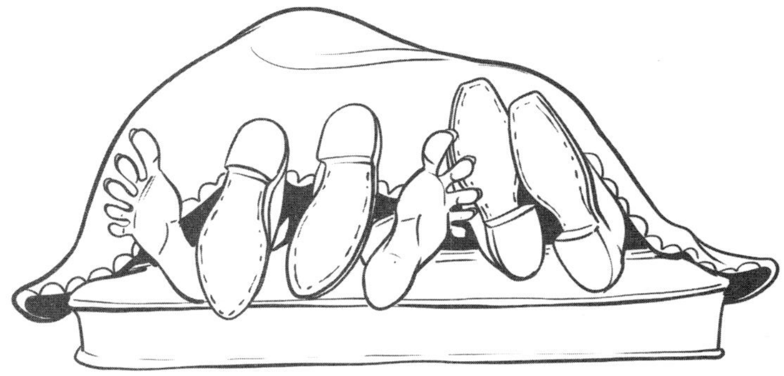

Falls es einem der Bros schlecht geht und er aufgemuntert werden muss, sind zwei weitere Anordnungen möglich: Bro, Freundin auf Freund und Freundin auf Bro, Freund. Hier entscheidet die Dame, welcher der Bros es gerade nötiger hat. Wahlweise kann hier auch auf eine Zwischenlösung ausgewichen oder regelmäßig getauscht werden.

Brebel § 32 Abs. 4

Das Schlafen auf der Couch ist immer dann unzumutbar, wenn es sich um eine Couch ohne genügend Liegeplatz oder um einen sogenannten Sessel handelt, die Couch schon von den Ur-Großeltern besudelt wurde oder unzuordenbare Tierreste in den Ritzen zu finden sind. In einem solchen Fall muss die Freundin eine andere Schlafmöglichkeit für den Bro besorgen und gegebenenfalls für die entstehenden Kosten aufkommen.

Brebel § 32 Abs. 5

In Ausnahmefällen muss die Freundin des Bros die Couch beziehen. Gründe dafür können sein, dass der andere Bro sich im Dunkeln fürchtet, sich frisch von seiner Freundin getrennt hat oder es sich um eine offene Beziehung handelt und die beiden Bros gerade miteinander verkehren (oder miteinander und mehreren weiteren Frauen).

Brebel § 33

Ein Bro hilft immer den Schwächeren, außer der Schwächere hat es nicht anders verdient.

Jeder kennt die Situation. Du gehst nachts alleine durch die dunklen Straßen deiner Stadt und aus heiterem Himmel gerätst du hinter einer Hausecke live in einen Überfall. Ein großer, muskulöser Angreifer schüttelt jeden Cent aus den Taschen eines hilflosen und schmächtigen Mannes. Natürlich greifst du sofort ein und befreist den armen Tropf aus der Situation, doch eben der, der gerade noch als das Opfer kopfüber hing und geschüttelt wurde, hat jetzt plötzlich eine große Fresse. Ob du der Person weiterhin den Rücken frei machen musst oder jetzt sogar die Seite wechseln kannst, lehrt dich dieser Paragraf.

Brebel § 33 Abs. 1

Unter einem „Schwächeren“ versteht man eine Person, die körperlich, aber auch geistig unterlegen ist. Ein weiteres Indiz für einen Schwächeren ist es, wenn eine Person keinen Sport treibt. Das ist wirklich schwach.

Brebel § 33 Abs. 2

In manchen Fällen musst du einem Schwächeren nicht helfen. Das tritt immer dann ein, wenn der Schwächere es nicht anders verdient hat. Beispiele dafür können sein, wenn er eine extrem radikale Meinung vertritt, er frech ist und provoziert oder er ein Wiederholungstäter ist und anders nicht aus der Situation lernen würde.

Brebel § 33 Abs. 3

Dem Stärkeren darf man immer dann helfen, wenn der Stärkere nicht eigenständig bezwungen werden kann, der Schwächere unsympathisch aussieht oder der Schwächere was mit der eigenen Schwester hat (wie soll er deine Schwester verteidigen, wenn er nicht mal gegen zwei Typen ankommt?).

Brebel § 33 Abs. 4

Ist keine der involvierten Personen ernsthaft in Gefahr, die Polizei unmittelbar um die Ecke oder könnte die neue Kleidung dreckig werden, darfst du tatenlos zuschauen. Falls mehrere Bros in der Nähe sind, dürfen zudem Wetten über den Ausgang des Geschehens geschlossen werden.

Brebel § 33 Abs. 5

Ein Bro ist kein Samariter und muss lediglich einmal täglich eine Person retten. Ganz nach dem Motto: jeden Tag eine gute Tat. Das gilt nur für fremde Personen. Bei den eigenen Bros muss man auch öfter in die Bresche springen, jedoch maximal drei Mal. Ganz nach dem Motto: Aller guten Dinge sind drei.

Brebel § 34

Einem Bro sind Frauen heilig und er hilft ihnen auch, wenn er sich damit selbst in Gefahr bringt.

Jeder kennt die Situation. Du hast Feierabend und rundest den Abend mit einem Dutzend Kaltgetränken ab. Um die Wahrscheinlichkeit einer Personenkontrolle zu vermeiden, wählst du nicht das Auto, sondern einen Roller als Fortbewegungsmittel (Tretroller natürlich, du Schlingel). Als du gerade durch den Park fährst, fällt dir auf, dass nicht weit von dir entfernt eine Frau von zwielichtigen Typen bedrängt wird. Ob es reicht, die Polizei zu kontaktieren, oder du selbst eingreifen musst, lehrt dich Brebel § 34.

Brebel § 34 Abs. 1

Unter einer „Frau" versteht man einen Menschen, der zwei X-Chromosomen hat, oder eine Person, die regelmäßig „hihi" anstelle von „haha" im Chat benutzt. Jegliche weitere Definitionen einer Frau erkennen wir selbstverständlich auch an und respektieren wir, sie spielen jedoch für den Paragrafen keine Rolle.

Brebel § 34 Abs. 2

Falls eine Frau in Gefahr ist und es mehrere Möglichkeiten gibt, sie zu retten, muss immer der härteste Weg gewählt werden, wodurch man sich im Zweifel in geringfügige Gefahr bringt. Was dich nicht umbringt, macht deinen Dick härter.

Brebel § 34 Abs. 3

Es ist nicht verpflichtend zu helfen, wenn die Gefährlichkeit der Gefahr zu gefährlich ist. Die Gefahr ist immer dann zu gefährlich, wenn das Risiko besteht, sich ernsthafte Verletzungen zuzuziehen, die Wahrscheinlichkeit eines Erfolgs unter fünf Prozent liegt oder ein Pitbull im Spiel ist.

Brebel § 34 Abs. 4

Wenn die Frau die Hilfe nicht annehmen möchte, ist man dazu verpflichtet, die Dame unter vollem verbalem Einsatz vom Gegenteil zu überzeugen. Verweigert sie die Hilfe weiterhin oder schlägt dich bei dem Versuch, ihr zu helfen, muss sie selber schauen, wo sie bleibt.

Brebel § 34 Abs. 5

Die Bezeichnung „Frauen sind mir heilig." hat in diesem Fall keine religiösen Hintergründe, sondern bezieht sich auf den Urvater dieser Aussage, Harald Krull, mit dem Patent A, B, C und der 6, der die Verpflichtungen gegenüber der Frauenwelt mit dieser Aussage nachhaltig geprägt hat.

Brebel § 35

Ein Bro hilft einem Bro immer aus einer brenzligen Situation, auch wenn er sich damit selbst belastet.

Jeder kennt die Situation. Du kommst zu deinem Bro in die Wohnung und siehst, wie er gerade ein undefinierbares, lebloses und in Folie eingepacktes Objekt in einen Teppich einrollt, um dieses unauffällig aus der Wohnung zu schaffen. Solltest du jetzt schreien, die Polizei rufen, den Bro für die Aktion kritisieren oder sogar dabei helfen, den Teppich mit dem darin eingewickelten Etwas aus der Wohnung zu schaffen? All dies klärt sich in Brebel § 35.

Brebel § 35 Abs. 1

Als „brenzlig“ bezeichnet man jegliche Situationen, die zu Gefahr für Leib und Seele beitragen, einen Bro in ein sehr schlechtes Licht rücken, ihn hinter schwedische Gardinen bringen oder zu Hausarrest führen können.

Brebel § 35 Abs. 2

Als Bro ist man immer dann nicht zur Hilfe verpflichtet, wenn der Bro sehr unregelmäßig auf Nachrichten antwortet, es nur eine Frage der Zeit ist, bis er ohnehin in den Knast kommt, man selbst dadurch eine Freiheitsstrafe bis zu fünf Jahren zu erwarten hat oder er zuvor auf kommunizierte Bedenken mit „Entspann dich, was soll schon passieren?“ geantwortet hat.

Brebel § 35 Abs. 3

Kam es zu einer erfolgreichen Hilfe aus einer brenzligen Situation, ist der Bro, dem geholfen wurde, zu einer Gegenleistung verpflichtet. Diese kann wahlweise in Form von Geld oder Sachleistungen erfolgen oder aber – wenn man broke ist – durch Essen und die Vermittlung von potentiellen Liebespartnern.

Brebel § 35 Abs. 4

Wie weit ein Bro bei der Hilfe gehen muss, ist abhängig von der Brenzligkeit der Situation. Grundsätzlich ist aber nichts ausgeschlossen. Das bedeutet auch, dass es durch die Hilfe zu körperlichen Schäden kommen kann, Anzeigen daraus resultieren mögen, man ins Gefängnis muss oder Geldstrafen erhält, man öffentlich gedemütigt wird, sich von seiner Freundin trennen muss oder der Kontakt zur eigenen Familie abgebrochen wird (nur dann, wenn es um Leben und Tod geht).

Brebel § 35 Abs. 5

Ein Bro hat vollstes Vertrauen in die Methoden seines Bros zu zeigen und während des Verlaufs der brenzligen Situation keine unangebrachten Fragen zu stellen. Jegliche Kritik an den Handlungen des Bros, die zu solch einer Situation geführt haben, ist bis zur Nachbesprechung gänzlich zu unterlassen.

Brebel § 36

Ein Bro muss eine Frau stets zappeln lassen, bevor er ihr antwortet.

Jeder kennt die Situation. Es ist dir gelungen, auf unerklärliche Weise über drei Ecken an die Handynummer einer Frau zu kommen. Nach langer Überlegung hast du dich für die Eröffnungsnachricht „Hey“ entschieden, worauf es sogar eine Antwort von der Frau gibt. In solch einem Fall musst du deine Euphorie im Zaum halten und smart handeln, bevor du alles an die Wand fährst. Brebel § 36 erklärt, warum es wichtig ist, erst mal abzuwarten.

Brebel § 36 Abs. 1

Unter „zappeln lassen“ versteht man das bewusste „warten lassen“ oder „auf die Folter spannen“, um zusätzliches Interesse der Gegenpartei auszulösen. Nicht gemeint ist damit das Aufhängen anderer Personen an ihren Füßen, um diese kopfüber „zappeln zu lassen“ (das ist nämlich illegal).

Brebel § 36 Abs. 2

Wie lange ein Bro eine Frau zappeln lässt, hängt davon ab, wie attraktiv sie ist und wie hoch die Wahrscheinlichkeit für den Bro, ein solches Kaliber jemals wieder zu finden. Handelt es sich hierbei um eine schöne Frau und der betroffene Bro sieht aus wie mein Fuß, ist es auch legitim, die Dame nur kurze Zeit zappeln zu lassen. Grundsätzlich ist ein Richtwert von 48 Stunden angedacht.

Brebel § 36 Abs. 3

Unter bestimmten Umständen darf auch sofort geantwortet werden. Dies ist immer dann der Fall, wenn es um ein kurzfristiges Treffen geht, das sonst verpasst wird, die Dame sehr, sehr heiß ist (in Relation zum Bro) oder die erste Frau seit Jahren, die sich überhaupt bereit zeigt, mit dem Bro zu reden.

Brebel § 36 Abs. 4

Versucht eine Dame, den Spieß umzudrehen und den Mann zappeln zu lassen, ist der Kontakt sofort abzubrechen. Ein Bro will keine Frau in seinem Leben, die Spielchen spielt. (Auch hier ist bei extrem heißen Frauen oder extrem hässlichen Bros wieder eine Ausnahme zu machen.)
Oder:
Versucht eine Dame, den Spieß umzudrehen und den Mann zappeln zu lassen, ist die sportliche Herausforderung anzunehmen. Treffen somit zwei besonders willensstarke Wesen aufeinander, kann dies allerdings dazu führen, dass sich über lange Zeit keiner bei dem anderen meldet, obwohl beide täglich gerade deswegen immer heißer aufeinander werden. Der ersten Begegnung, wenn sie denn je stattfindet, kann das allerdings besondere Würze verleihen.

Brebel § 36 Abs. 5

Wie ein Bro einer Dame im Chat antwortet, steht ihm frei. Es empfiehlt sich allerdings, coole Floskeln einzubauen, die zusätzliches Interesse bei der Dame auslösen. Bei fehlender Kreativität können hier ein Bro oder die Bresidenten der Brebel via Instagram DM zugezogen werden.

Brebel § 37

Die Ex-Freundin deines Bros ist unantastbar, außer er hat sich über 72 Stunden nicht bei dir gemeldet.

Jeder kennt die Situation. Dein Bro war vor vielen Jahren mit einem Mädchen zusammen, das sich nach der Trennung auf unerklärliche Weise zur heißesten Frau der Stadt entwickelt hat. Das Verkehren mit der Ex eines Bros ist strengstens verboten, jedoch gibt es Ausnahmen, die dazu führen, dass du dennoch dein Glück versuchen darfst. Ist dein Bro dafür bekannt, lange für seine Antworten im Chat zu benötigen, könnte § 37 interessant für dich sein.

Brebel § 37 Abs. 1

Unter der „Ex-Freundin des Bros“ versteht man jegliche Frauen und Männer, die in einer festen Beziehung voller emotionaler Tiefe mit dem Bro waren. Ausgeschlossen sind hierbei One-Night-Stands, Freundschaften Plus und sämtliche Beziehungen, die bis zum 16. Lebensjahr stattgefunden haben.

Brebel § 37 Abs. 2

„Unantastbar“ bedeutet in diesem Zusammenhang, dass jeglicher intime körperliche Kontakt mit der Ex-Freundin des Bros untersagt ist. Ausgenommen sind Umarmungen zur Begrüßung und Verabschiedung sowie flirty Kommentare, die rein zur Provokation des Bros dienen (eigene Belustigung ist nie verboten).

Brebel § 37 Abs. 3

In Einzelfällen bleibt die Ex-Freundin des Bros auch nach Ablauf der 72 Stunden unantastbar. Dies ist immer dann der Fall, wenn ein schwerer Schicksalsschlag dazu führt, dass der Bro eine Auszeit braucht, er großen Ärger mit seiner aktuellen Freundin hat oder in Gefangenschaft somalischer Piraten ist und kein Handy benutzen kann (andere Gefangenschaften zählen natürlich auch).

Brebel § 37 Abs. 4

Es kann auch legitim sein, mit der Exfreundin des Bros zu verkehren, bevor die Frist von 72 Stunden abgelaufen ist. Kam es davor zu mehreren Nachrichten an den Bro mit dem Hinweis, dass es wichtig ist, sowie zusätzliche Versuche, telefonisch Kontakt aufzunehmen, sinkt diese Frist auf 24 Stunden.

Brebel § 37 Abs. 5

Eine weitere Sonderregelung lautet, dass es grundsätzlich verboten bleibt, mit der Ex-Freundin des Bros zu verkehren, wenn ihr Name auf der sogenannten schwarzen Liste auftaucht. Dies ist ein im Freundeskreis geführtes Dokument, das Personen auflistet, die etwas derart Widerwärtiges gemacht haben, dass man ihnen zum eigenen Schutz sowie zum Schutz der Gruppe für immer fernbleiben sollte.

Brebel § 38

Ein Bro darf weibliche Bros haben, auch dann, wenn es sich um die Freundin eines anderen Bros handelt.

Jeder kennt die Situation. Die Freundin eines Bros hat sich über die letzten Jahre immer super mit dir verstanden, wodurch eure Beziehung sich fast schon zu einer Freundschaft entwickelt hat. Eines Tages ist dein Bro auf Geschäftsreise und seine Freundin fragt, ob du am Abend vorbeikommen möchtest, weil sie mit ihren Mädels eine Pyjama-Party veranstaltet und dich gerne dabeihätte. Ob du teilnehmen darfst, deinen Bro zuvor darüber unterrichten oder sogar absagen musst, klärt dieser Paragraf.

Brebel § 38 Abs. 1

Unter einem „weiblichen Bro“ versteht man jegliche Freundschaften außerhalb der festen Beziehung wie die zur Schwester eines Bros, anderen Verwandten wie etwa der Cousine oder Schwägerin sowie jeglichen anderen Frauen, ausgenommen der Mutter eines Bros (eine Mutter kann nie ein Bro, sondern nur eine Mommy sein).

Brebel § 38 Abs. 2

Das Verkehren mit einem Bro ist erlaubt, aber nicht gern gesehen (vorausgesetzt, der Bro oder die Broin ist nicht in einer Beziehung mit einem anderen Bro). Entwickelt sich eine Beziehung zwischen zwei Bros, darf das Paar nur noch getrennt an brüderlichen Veranstaltungen teilnehmen, da sonst das Risiko innerer Unruhen zu groß wäre.

Brebel § 38 Abs. 3

Handelt es sich bei einem Bro um die Freundin eines anderen Bros, so ist dies zu respektieren. Ausgeschlossen ist dann selbstverständlich das in Abs. 2 genannte „Verkehren mit einem Bro“ sowie brüderliche Gespräche über das Sexualleben beider in einer Beziehung steckenden Bros. Rückenmassagen mit Öl bleiben erlaubt.

Brebel § 38 Abs. 4

Falls es zu einer Trennung in den Reihen der Bros kommt, muss einer der Streithähne gehen, um das Gemeinwohl zu retten. Dabei handelt es sich immer um die Person, die zuletzt in die Gemeinschaft aufgenommen worden ist.

Brebel § 38 Abs. 5

Ein Bro hat die Freundschaft zu seinem „weiblichen Bro“ zu beenden, sofern alle anderen Bros kollektiv der Meinung sind, dass dieser „weibliche Bro“ falsche Absichten hat, der Gruppengemeinschaft schadet oder den Aufgaben eines Bros nicht gerecht wird. Bei der Abstimmung ist eine absolute Mehrheit nötig.

Brebel § 39

Zeigt der Crush deines Bros an dir zu viel Interesse, so hast du dich von deiner schlechtesten Seite zu zeigen.

Jeder kennt die Situation. Du bist mit deinem Crush auf einem Date und aus heiterem Himmel kommt dein überaus attraktiver und bodenständiger Bro um die Ecke. Es dauert nur eine Sekunde und dein Crush hat nur noch Augen für ihn. Es wird noch schlimmer, als sie ihm ins Ohr flüstert, dass sie wünschte, er hätte sie auf ein Date eingeladen. Warum du immer noch eine Chance hast, bei deinem Crush zu landen, lehrt dich Brebel § 39.

Brebel § 39 Abs. 1

Sich von seiner „schlechtesten Seite zeigen“ bedeutet, immer genau das zu machen, was der Crush deines Bros als unangebracht, respektlos oder einfach nur widerlich empfindet. Bei ehrlosem Verhalten wie Diebstahl, Sachbeschädigung oder Hausfriedensbruch ist Vorsicht geboten, weil das von der Frauenwelt nicht immer negativ aufgenommen wird (Frauen stehen auf Bad Boys).

Brebel § 39 Abs. 2

Du merkst, dass der Crush deines Bros „zu viel Interesse“ an dir zeigt, wenn sie fortlaufend deinen Augenkontakt sucht oder dir sogar zuzwinkert, dich immer wieder leicht verlegen schlägt oder dir ins Ohr flüstert, dass sie gerne mit dir „nach oben“ gehen möchte.

Brebel § 39 Abs. 3

Du musst dich nicht von deiner schlechtesten Seite zeigen, wenn es sich bei dem Crush deines Bros auch um deinen Crush handelt, Arbeitgeber oder nähere Verwandte in Sichtweite sind oder du dich frisch getrennt hast. In diesem Fall hast du das Vorrecht.

Brebel § 39 Abs. 4

Handelt es sich um den Crush beider Bros, muss „Schere, Stein, Papier“ gespielt werden, um eine finale Entscheidung treffen zu können. Der Verlierer hat sich dann von seiner schlechtesten Seite zu zeigen.

Brebel § 39 Abs.5

Falls du den Crush deines Bros falsch eingeschätzt hast und deine Bemühungen, dich unattraktiv zu machen, scheitern, liegt es an dir, dich aufrichtig bei deinem Bro zu entschuldigen und aufgrund deiner schlechten Menschenkenntnis unter einem falschen Vorwand das Treffen zu verlassen.

Brebel § 40

Liegt die Laune deines Bros grad darnieder, so schenke ihm sein Lächeln wieder.

Jeder kennt die Situation. Dein Bro ist schon länger nicht mehr beim wöchentlichen Bro-Stammtisch erschienen und auf Rückfragen antwortet er ohne Emojis. Durch den gemeinsamen Bekanntenkreis erfährst du, dass es dem Bro gerade nicht gut geht und er seit mehreren Wochen das Haus nicht mehr verlassen hat. Brebel § 40 klärt, wie du in einer solchen Situation reagieren musst.

Brebel § 40 Abs. 1

Das Lächeln eines Bros kann man mit unterschiedlichen Methoden wiedererwecken. Beispiele dafür sind Ablenkungen durch Frauen, Männerabende, an denen man „Try Not to Laugh" spielt oder spontane Kurztrips (Ballermann).

Brebel § 40 Abs. 2

Entstehen bei dem Versuch, das Lächeln des Bros wiederzuerwecken, Kosten, werden diese selbstverständlich direkt verrechnet. Über Geldschulden redet man nur in schlechten Phasen, da sonst die guten Phasen zu schlechten Phasen werden können.

Brebel § 40 Abs. 3

Ein Bro darf nur unter gewissen Umständen eine niedere Laune haben, zum Beispiel bei einer Trennung, bei der ihm 50 Prozent seines Hab und Guts weggenommen wurde, wenn seine Lieblingssportmannschaft verliert oder seine Herzensdame einen Kratzer in die neuen Felgen gefahren hat. In anderen Fällen ist es an dem Bro selbst, seine Laune in den Griff zu bekommen, damit er seine Bros nicht runterzieht.

Brebel § 40 Abs. 4

Der zu leistende Umfang ist je nach Schweregrad der niederen Laune zu erbringen. Bei extrem niederer Laune ist der Bro dazu verpflichtet, unter Einsatz seiner gesamten körperlichen und finanziellen Möglichkeiten das Lächeln seines Bros wiederzuerwecken. Bei Kleinigkeiten, wie dem Verlust seiner Geldbörse, ist es vollkommen ausreichend, ihn durch Jokes und provokante Aussagen wieder zum Lächeln zu bringen.

Brebel § 40 Abs. 5

Ist der schlecht gelaunte Bro dafür verantwortlich, dass die Laune eines anderen Bros nieder wird, muss der Bro sich dafür offiziell entschuldigen! Möglichkeiten sind dafür ein Entschuldigungsbrief oder ein Story-Posting auf IG.

Brebel § 41

Ein Bro treibt Sport und lässt sich niemals gehen, auch nicht, wenn er in einer Beziehung ist.

Jeder kennt die Situation. Du kommst frisch in eine Beziehung und verbringst jede freie Sekunde mit der neuen Liebe deines Lebens. Der Sport kommt in den ersten Monaten deutlich zu kurz, was du auch selbst schon im Spiegel festgestellt hast. Als sogar deine Bros dich darauf ansprechen, dass du echt „breit“ geworden bist, schnappst du dir endlich wieder deine Sporttasche und machst dich auf den Weg. Was zu tun ist, wenn deine Freundin dich nun an der Haustür aufhält, weil du lieber mal mehr Zeit in die Beziehung investieren sollst, lehrt dich § 41.

Brebel § 41 Abs. 1

Unter „Sport“ versteht man in Zusammenhang mit diesem Paragrafen jegliche körperliche Aktivität, die den Puls über einen längeren Zeitraum in die Höhe treibt. Ausgenommen sind dadurch Schach, E-Sports, Twister auf Partys und Bunga Bunga (außer du kannst extrem lang).

Brebel § 41 Abs. 2

„Sich gehen lassen“ bedeutet das bewusste Inkaufnehmen einer Verschlechterung des eigenen Gesundheitszustands sowie der optischen Erscheinung, nur weil man jetzt in einer Beziehung ist. Dies inkludiert die Gewichtszunahme in gesundheitsschädlichem Maße, nicht mehr zu duschen, keine schönen Konturen mehr am Bart zu haben (Haare sind egal) oder dreckige Kleidung zu tragen.

Brebel § 41 Abs. 3

Tritt der Fall ein, dass die neue Freundin ein Sportverbot ausspricht, weil es zu gefährlich wäre, Sport zu treiben, man die gesamte Freizeit jetzt für sie aufbringen soll oder weil man sich im Gym in eine andere attraktive Dame verlieben könnte, ist die Beziehung unverzüglich zu beenden. Ist dies nicht aus eigener Kraft möglich, darf wie immer gerne ein Bro hinzugezogen werden.

Brebel § 41 Abs. 4

In Ausnahmefällen ist es gestattet, innerhalb der Beziehung auf Sport zu verzichten. Dies ist dann der Fall, wenn die Frau süchtig nach Liebemachen ist und dadurch dem Körper bereits jegliche Energie raubt. Ebenso ist es legitim, auf Sport zu verzichten, wenn die Frau als Hauptverdiener fungiert und man zu sehr im Haushalt eingespannt ist, um noch zusätzlichen Sport auszuüben (das Haus muss clean sein und das Essen auf dem Tisch, wenn die Frau von der Arbeit kommt).

Brebel § 41 Abs. 5

Ist man durch seinen Gesundheitszustand körperlich eingeschränkt und kann keinen Sport treiben, ist dies selbstverständlich auch nicht verpflichtend. Dies betrifft aber wirklich ausschließlich Menschen mit Krankheiten, die Sport gänzlich ausschließen. Hast du zwei gebrochene Beine, kannst du trotzdem bankdrücken. Hast du zwei gebrochene Arme, kannst du trotzdem auf den Stairmaster. Hier dürfen die anderen Bros bewerten, ob es sich um eine legitime Sportabstinenz handelt oder ob der Betroffene ein Sportverweigerer ist.

Brebel § 42

Ist der Crush deines Bros im Raum, so halte dein Ego im Zaum.

Jeder kennt die Situation. Du bist auf der Arbeit und willst irgendwie die Zeit bis zum Feierabend überbrücken. Plötzlich fordert dich ein Arbeitskollege zu einem Kräftemessen (Armdrücken) heraus und im Eifer des Gefechts sagst du zu. Schnell merkst du, dass du dich selbst über- und deinen Kollegen unterschätzt hast. Als wäre das nicht schon genug, kommt aus heiterem Himmel dein Crush um die Ecke und wartet gespannt auf den Ausgang des Duells. Warum du durch die Ankunft deines Crushs nun tiefenentspannt in Richtung Sieg blicken kannst, lehrt dich Brebel § 42.

Brebel § 42 Abs. 1

Dein Ego im Zaum zu halten, bedeutet das bewusste Zurückstecken zu Gunsten seines Bros in Situationen, in denen man eigentlich ausnahmslos überlegen wäre. Dazu zählen körperliche Aktivitäten (bewusstes Verlieren im Armdrücken, Fußball, Sprinten, MMA), aber auch geistige Aktivitäten (bewusst dümmer als der Bro stellen, auch wenn das echt schwer ist).

Brebel § 42 Abs. 2

Falls es sich um den Crush beider Bros handelt, müssen beide ihr Ego im Zaum halten. Die Wahrscheinlichkeit, dass einer der Bros die Dame von sich überzeugt, ist dadurch sehr gering, aber dafür ist niemand dem anderen auf die Füße getreten.

Brebel § 42 Abs. 3

Steckt dein Bro zurück, damit du in einem besseren Licht dastehst, bist du verpflichtet, dich zu revanchieren! Mögliche Gegenleistungen können sein: ein gutes Wort bei seinem Crush einlegen, einen positiven LinkedIn-Post über ihn verfassen, stellvertretend den Umzug seiner Mutter übernehmen etc.

Brebel § 42 Abs. 4

Falls man sich nicht im Raum, sondern draußen aufhält, muss man sein Ego nicht im Zaum halten, weil jederzeit die Möglichkeit besteht, dass der eigene Crush oder ein noch unbekannter Crush der Zukunft an dir vorbeilaufen kann. Der erste Eindruck ist wichtig und darf nicht leichtfertig verschwendet werden.

Brebel § 42 Abs. 5

Auch in geschlossenen Räumen muss das Ego nicht immer in Zaum gehalten werden. Dies ist vor allem dann der Fall, wenn die eigene Freundin vermuten könnte, dass man ein Loser ist, der Vater einen enterbt, sobald man in Armdrücken verliert oder wenn Schäden an der Jobsituation entstehen könnten (man verliert zu Gunsten seines Bros in einem Kampf gegen ihn, ist aber MMA-Trainer von Beruf und alle Schüler schauen zu).

Brebel § 43

Ein Bro ist sich bei seinem Bro für nichts zu schade.

Jeder kennt die Situation. Du bist gemeinsam mit deinen Bros im Australien-Urlaub und bei der Wanderung durchs Gestrüpp beißt plötzlich eine giftige Schlange deinem gut bestückten Bro in seine Nudel. Da weit und breit kein Krankenhaus in der Nähe ist, kann er nur überleben, wenn du dich selbst darum kümmerst. Ob du in so einem Fall entgegen deinem Willen das Gift heraussaugen musst oder ihn zurücklassen darfst, lernst du in § 43.

Brebel § 43 Abs. 1

Sich bei einem Bro für „nichts zu schade“ zu sein, bedeutet, dass man innerhalb einer Bruderschaft niemals eigene Interessen über das Wohl des Bros stellt. Das bedeutet auch, dass man über seinen eigenen Schatten springt und Dinge tut, auf die man eigentlich keine Lust hat, wenn sie der Gesundheit des Bros zuträglich sind (wie das Gift aus der Nudel des Bros zu saugen).

Brebel § 43 Abs. 2

Es gibt keine Grenzen in Bezug auf die zu erbringenden Leistungen für seinen Bro. Die eigene Gesundheit steht an erster Stelle und die Gesundheit des Bros an eineinhalber Stelle. Egal ob man empfindlich gegenüber Erbrochenem ist – muss sich der Bro übergeben, hält man ihm die Haare (oder die Glatze). Einzig und allein Dinge, die die eigene Gesundheit gefährden, dürfen unterlassen werden.

Brebel § 43 Abs. 3

Unter gewissen Umständen darf man einen Rückzieher machen. Das ist immer dann der Fall, wenn die Chance besteht, dass man durch sein Handeln den eigenen Job verliert, dadurch bei seinem Crush unten durch ist oder langfristig seinen Standort wechseln muss (weil die Familie sieht, wie man an der Nudel des Bros herumsaugt).

Brebel § 43 Abs. 4

Ein Bro darf sich für etwas zu schade sein, wenn die Leistungen nur der Belustigung eines anderen Bros dienen oder von Vornherein klar ist, dass die Leistungen keinen Effekt erzielen würden (die Schlange, die deinem Bro in die Nudel beißt, ist nicht giftig und die anderen Bros wollen nur sehen, wie du dich bemühst).

Brebel § 43 Abs. 5

War sich ein Bro für nichts zu schade, darf eine Gegenleistung eingefordert werden. Möglich sind: Autoaufbereitung mit Keramikversiegelung, 250-Euro-Amazon-Gutschein, eine Woche zweimal täglich Gassi gehen, sofern der Bro einen Hund besitzt, oder den Kontakt zu einer 9,5/10 besorgen.

Brebel § 44

Beim Essen mit seinen Bros wird die Rechnung niemals getrennt beglichen.

Jeder kennt die Situation. Du bist mit deinen Jungs im besten Steakhouse der Stadt und ihr genießt leckere, in Blattgold eingepackte 800-Gramm-Rumpsteaks (oder ihr teilt euch zu viert zwei Döner – tough times never last ...). Als die Bedienung mit der horrenden Rechnung auf euch zukommt und fragt, ob alles zusammen beglichen wird, sagt einer deiner Bros: „Getrennt bitte." Warum ihm das am nächsten Tag zum Verhängnis wird, wenn ihn eine Gruppe Jugendlicher verprügeln möchte, lernst du in diesem Paragrafen.

Brebel § 44 Abs. 1

Ein Bro darf eine Rechnung nur dann getrennt bezahlen, wenn sich sein Crush in unmittelbarer Nähe befindet und die Chance besteht, dass seine Karte beim Begleichen der kompletten Rechnungssumme abgelehnt werden könnte.

Brebel § 44 Abs. 2

Bezahlt ein Bro ohne triftigen Grund sein Essen getrennt, wird er für den Tag aus der Bruderschaft ausgeschlossen und muss in brenzligen Situationen, in denen er sonst volle Unterstützung seiner Bros bekommen würde, selber klarkommen (er wird von wütenden Jugendlichen oder Waschbären angegriffen).

Brebel § 44 Abs. 3

Falls ein Bro sich nur ein Getränk bestellt, schließt ihn das nicht aus, wenn es darum geht, wer am heutigen Tag die Rechnung begleicht. Dazu zählen auch ungültige Versuche wie: „Ich hab keinen Hunger. Esse nur ein bisschen bei euch mit." Mitgehangen, mitgefangen. Mitgegessen, mitgezahlen.

Brebel § 44 Abs. 4

Falls auch Personen mit am Tisch sitzen, die nicht zu der engeren Bruderschaft gehören, muss im Vorhinein gemeinsam unter allen anwesenden Bros beschlossen werden, ob die „Fremden" eingeladen werden oder nicht. Zu zahlen hat in einem solchen Fall immer der Bro, der den engsten Kontakt zu den „Fremden" hat.

Brebel § 44 Abs. 5

Falls ein Bro bezahlen muss und seine Karte abgelehnt wird oder er nicht genug Bargeld dabei hat, muss er unter einem falschen Vorwand das Restaurant verlassen und das fehlende Geld auftreiben. Die Bros halten im Restaurant die Stellung und dürfen für jede angebrochene halbe Stunde einen weiteren Drink bestellen.

Brebel § 45

Beim Essen mit einer Dame zahlt der Bro immer dann, wenn es sich für ihn lohnt.

Jeder kennt die Situation. Du hast es nach langer Zeit mal wieder geschafft, eine Frau zu einem Date zu überreden. Im Restaurant merkst du jedoch recht schnell, dass dein Date mehr zu essen bestellt als jemand, der zuvor bei „7 vs. Wild“ teilgenommen hat. Da diese Rechnung dein BAföG-Budget mit Sicherheit sprengen wird, ist es ratsam, schon im Verlauf des Dates darauf zu achten, ob es sich lohnt, einen Kredit aufzunehmen, um dennoch bezahlen zu können.

Brebel § 45 Abs. 1

Für einen Bro lohnt es sich immer dann, eine Dame einzuladen, wenn die Einladung gebührend wertgeschätzt wird, ein zweites Treffen in Aussicht steht oder sie dich auf einen „Kaffee" nach Hause einlädt.

Brebel § 45 Abs. 2

Die Dame muss die Rechnung selbst begleichen, wenn ihre Bestellung überproportional viel kostet (50 Prozent mehr als deine eigenen Kosten) oder wenn sie über 30 Prozent ihres Tellers nicht mehr schafft. Selbstüberschätzung wird bestraft.

Brebel § 45 Abs. 3

In manchen Fällen zahlt ein Bro auch dann, wenn es sich nicht für ihn lohnt. Gründe dafür können sein, dass sich andere attraktive Damen am Nachbartisch befinden oder die Bedienung sehr, sehr heiß ist und in dem Glauben bleiben soll, dass du ein richtiger Gentleman bist.

Brebel § 45 Abs. 4

Falls es sich für dich lohnt, die Dame einzuladen, sie allerdings eine Begleitung dabeihat, übernimmst du die Rechnung erst recht. Dadurch stärkst du dein Netzwerk und stellst sicher, dass im Falle eines schlechten Ausgangs des Dates zumindest ihre Freundin einen guten Eindruck von dir hat. Dir steht frei, die Freundin im Nachgang zu kontaktieren.

Brebel § 45 Abs. 5

Falls sich im Nachhinein herausstellt, dass es sich nicht gelohnt hat, die Dame einzuladen, weil sie dir falsche Hoffnungen oder Zeichen gegeben hat, darfst du ihr eine Rechnung stellen. Diese entspricht grundsätzlich 50 Prozent des Rechnungsbetrags (im Zweifel immer reinhauen, da man im worst case nur 50 Prozent bezahlt).

Brebel § 46

Eine 10-von-10-Bewertung gibt es nicht, weil das bedeuten würde, dass es da draußen niemanden gibt, der noch heißer ist.

Jeder kennt die Situation. Du sitzt zusammen mit deinen Freunden in der Runde, jemand zeigt das Instagram-Bild einer netten Dame und ist davon überzeugt, dass sie wahrlich eine 10 von 10 ist. Weil du eine ehrliche Seele bist, sagst du ihm freundlicherweise, dass die Dame aussieht wie ein ungepflegter Urmensch (Homo habilis), was unweigerlich zum Streit führt. Um solche Bewertungsmissstände künftig auszuschließen, gibt es Brebel § 46.

Brebel § 46 Abs. 1

Damit eine Bewertung rechtskräftig und vor dem Brebelgericht standhaft ist, müssen einige Bewertungsmaßstäbe eingehalten werden. Bewertet werden: Die berufliche Stellung, das Erscheinungsbild auf kurze Distanz (bis fünfzig Meter), auf weite Distanz (ab fünfzig Meter), Style der Klamotten (wenn Klamotten vorhanden), das Erscheinungsbild vor den anderen Bros, die Pflege ihres Schuh- und Fußwerkes und optional auch ihre Persönlichkeit.

Brebel § 46 Abs. 2

Die Bewertung der eigenen Freundin muss mit mindestens einem unparteiischen Bro (der noch nichts mit der Freundin hatte) vollzogen werden. Der Durchschnitt der Bewertungen des Bros und des Freundes entscheidet über das offizielle Rating der Freundin.

Brebel § 46 Abs. 3

Bei der Punktevergabe müssen äußere Einflüsse wie die Reichweite auf Social Media, die Geschmackssicherheit der Playlisten auf Spotify, die Nutzung von Tidal statt Spotify oder der Glanzgrad der Felgen am Fahrzeug des Bros unberücksichtigt bleiben.

Brebel § 46 Abs. 4

Eine Bewertung muss von mindestens zwei weiteren Bros bestätigt werden, damit diese unanfechtbar ist. Bei Meinungsverschiedenheiten muss eine Intervention aller Bros einberufen werden, die sämtliche Pros und Contras aufschlüsselt, damit im Nachhinein eine gemeinsame Bewertung in Form einer großen Konferenz vollzogen werden kann.

Brebel § 46 Abs. 5

Falls es zu dem unrealistischen Fall kommen sollte, dass alle Bros der Meinung sind, dass es sich bei der zu bewertenden Dame um eine 10/10 handelt, ist sie eine 9,9/10, da es eine 10-von-10-Bewertung nicht geben kann.

Brebel § 47

Es gibt keinen Neid in einer Bruderschaft, darum freue dich, wenn dein Bruder etwas schafft.

Leider kennen viele diese Situation. Du hast etwas Beeindruckendes geleistet, wie das Gewinnen einer deutschen Meisterschaft, den Abschluss eines Studiums oder das Erobern einer Frau, und willst es voller Freude deinen Bros berichten. Beim Erzählen der Heldengeschichte reagiert einer deiner Bros aber sehr negativ und missgünstig. Warum das ein Grund ist, die Freundschaft umgehend zu beenden (und vielleicht etwas mit seiner Schwester anzufangen), lehrt Brebel § 47.

Brebel § 47 Abs. 1

Bei besonderen Errungenschaften eines Bros erfordert es besondere Freude: Mögliche Gründe könnten sein, wenn ein Bro seinen langjährigen Crush oder seine Lehrerin erobert hat, sich seine finanziellen Umstände um über 50 Prozent verbessern, er den Rekord am Boxautomaten knackt oder er seine körperliche Fitness verbessert und das erste Mal in seinem Leben einen Sixpack-Ansatz hat (Respekt).

Brebel § 47 Abs. 2

Unter gewissen Umständen ist ein Bro nicht verpflichtet, Freude zu zeigen. Das geschieht immer dann, wenn der Bro seine Ziele nur erreicht hat, weil er „über Leichen gegangen" ist. Ein richtiger Bro muss einen Mehrwert für seine Mitmenschen schaffen und darf nicht dafür verantwortlich sein, dass es jemandem schlechter geht. In diesem Fall muss ein Händeschütteln als Ausdruck der Freude ausreichen.

Brebel § 47 Abs. 3

In manchen Fällen muss dem Bro zusätzlich ein Geschenk gemacht werden. Ein Beispiel dafür wäre, wenn der Bro einen erfolgreichen Heiratsantrag gemacht hat. In diesem Fall muss der Bro für die Kosten eines Verlobungsrings aus Plastik aufkommen, bis der Bro das Geld für einen richtigen Ring hat.

Brebel § 47 Abs. 4

In Einzelfällen ist es sogar in Ordnung, neidisch zu sein. Dies ist dann der Fall, wenn der Bro „unverschämt viel Glück" hatte oder er selbst seine erreichten Errungenschaften nicht genügend wertschätzt.

Brebel § 47 Abs. 5

Ein Bro hat sich aus tiefstem Herzen für seinen Bro zu freuen und scheut sich nicht davor, dem Bro aufrichtige Komplimente, Schulterklopfer, High Fives oder High Times zu geben. Hat der Bro eine schlechte Phase und kann seine Freude nicht zum Ausdruck bringen, reicht auch eine Sprachnachricht, DM auf Instagram oder eine Überweisung (hier ist nur der Betrag wichtig, Betreff ist egal!).

Brebel § 48

Ein Bro gibt niemals auf. Auch, wenn es um nichts geht.

Jeder kennt die Situation. Du bist im Urlaub mit deinen Jungs und nachdem ihr euch alle gegenseitig den Rücken eingecremt, Mittag gegessen und danach eine halbe Stunde gewartet habt (hab ich von meiner Mama gelernt, weil man sonst ertrinkt), könnt ihr nun endlich ins Wasser. Kaum seid ihr im Meer, ruft ein Bro: „Wer als erstes aus dem Wasser geht, ist ein **** (beliebiges Schimpfwort einfügen)!" Brebel § 48 regelt, unter welchen Umständen du dieser absolut unnötigen Challenge beiwohnen musst, um deine Ehre zu wahren.

Brebel § 48 Abs. 1

Ein Bro gibt niemals auf, weswegen in diesem Kontext mit „nichts“ auch wirklich nichts gemeint ist! Wenn ein Bro etwas anfängt, muss er es bis zum Schluss durchziehen, auch wenn es ihm theoretisch nichts bringt. Allein das Erreichen eines Zieles ist für den Bro ALLES! Ein Bro, der leichtfertig aufgibt, respektiert sich selbst nicht und ist ein Nichts!

Bebel § 48 Abs. 2

Ein Bro muss an sein Limit gehen, um sein Ziel zu erreichen! Kleinere Verletzungen, wie Schürfwunden oder der Verlust eines kleinen Fingers, sind keine Gründe für einen vorzeitigen Abbruch der Aufgabe. Auch Demütigungen oder finanzielle Einbußen sind erhobenen Hauptes zu akzeptieren.

Brebel § 48 Abs. 3

Es darf nur aufgegeben werden, wenn das Risiko besteht, sein eigenes Leben zu gefährden, oder Folgen durch Langzeitschäden zu erwarten sind. Die Langzeitschäden müssen dabei das Leben erheblich erschweren (etwa Verlust der dominanten Hand), damit eine vorzeitige Beendigung möglich ist, sonst müssen die Folgen auch in diesem Fall in Kauf genommen werden.

Brebel § 48 Abs. 4

Bei Challenges zwischen Bros, die kein erhöhtes Risiko beinhalten, dürfen keine internen Absprachen oder Einigungen getroffen werden, bis einer der Bros unter Einsatz seiner gesamten Kräfte verloren hat.

Brebel § 48 Abs. 5

Ein Bro muss stetig weiter an seinen Zielen arbeiten und darf keine Pausen machen. Ausnahmen sind die Flitterwochen, der Beginn einer Nukearsuff-Tour oder ein Todesfall in der Familie.

Brebel § 49

Im Auto sind die Aufgaben jeder Person ganz klar geregelt.

Jeder kennt die Situation. Du bist mit all deinen Bros im Auto unterwegs in ein Erwachsenen-Etablissement (oder Kino – hat keinen Einfluss auf die Story). Auf dem Weg entsteht im Auto ein Streit unter den Mitfahrern, welche Musik gehört wird. Zudem hat der Mitfahrer hinten links alle Snacks aufgegessen, ohne die vorne sitzenden Personen über die Anwesenheit von Snacks überhaupt zu unterrichten. Als der Streit eskaliert, ist der Fahrer aufgrund des Trubels abgelenkt und baut einen Unfall. Da das Auto nur haftpflichtversichert war, muss jemand für die entstandenen Schäden am Fahrzeug aufkommen. Brebel § 49 regelt die genauen Aufgaben im Auto, wodurch der Schuldige schnell gefunden werden kann.

Brebel § 49 Abs. 1

Die Aufgabe des Fahrers besteht darin, ein funktionstüchtiges Fahrzeug zur Verfügung zu stellen, das vollgetankt und in Besitz einer funktionierenden Musikanlage bzw. einer Musikbox ist. Zudem ist es seine Aufgabe, dieses genannte Fahrzeug zu führen und sicherzustellen, dass alle Mitfahrer sicher an ihrem Ziel ankommen.

Brebel § 49 Abs. 2

Die Aufgabe des Beifahrers ist es, die Atmosphäre durch eine gute und ausgewogene Musik zu verbessern. Die Wiederholung eines immer gleichen Musiktitels ist dabei untersagt. Zudem ist der Beifahrer dazu verpflichtet, den Fahrer zu navigieren und ihn ohne Verfahren (in zweierlei Hinsicht) zum gewünschten Zielort zu bringen.

Brebel § 49 Abs. 3

Die Aufgabe des Mitfahrers hinten auf der rechten Seite ist es, mit einem geschulten Auge die Bros auf Sehenswürdigkeiten außerhalb des Fahrzeugs aufmerksam zu machen. Dazu zählen neben Gebäuden mit interessanter Architektur auch attraktive Damen am Straßenrand. Sollte das bloße Auge für diese Aufgabe nicht ausreichen, ist eigenständig ein Fernglas mitzubringen.

Brebel § 49 Abs. 4

Die Aufgabe des Mitfahrers hinten in der Mitte ist es, die anderen Bros mit Snacks zu versorgen. Die Snacks sind dabei auch von ihm zu besorgen, dürfen jedoch im Nachhinein verrechnet werden. Falls nur vier Bros in einem Auto mitfahren, hat sich der vierte Bro nicht auf den Platz links, sondern in die Mitte zu setzen, weil die Aufgaben des mitfahrenden Bros in der Mitte wichtiger sind als die Aufgaben, die ein Mitfahrer hat, der hinten links sitzt. In einem solchen Fall bleibt der linke Platz frei.

Brebel § 49 Abs. 5

Die Aufgabe des Mitfahrers hinten links ist es, während der Fahrt Termine zu vereinbaren, Restaurants zu reservieren oder gut bewertete Clubs ausfindig zu machen. Stehen derartige Aufgaben gerade nicht an, übernimmt der Bro die Aufgaben des Bros hinten rechts für seine Seite des Fahrzeugs.

AUFGABEN IM AUTO

HINTEN LINKS

Brebel § 50

Ein Bro nimmt jedes Jahr am jährlichen Bro-Rating teil.

Jeder kennt die Situation. Du bist frisch getrennt und hast das Gefühl, dich neu ausleben zu müssen. Dadurch, dass du lange weg vom Markt warst, bist du dir nicht sicher, welche potentiellen Partner die richtigen für dich sind. Das jährliche Bro-Rating gibt dir einen Überblick, welche Damen du selbstbewusst ansprechen kannst und welche du vielleicht besser meiden solltest, weil sie außerhalb deiner Liga (deines Ratings) spielen.

Das jährliche Bro Rating ist eine verpflichtende Veranstaltung, an der alle Bros einmal jährlich teilnehmen müssen. Dabei wird anhand von festen Tagesordnungspunkten bei jedem Bro einzeln darüber abgestimmt, welches Rating er auf einer Skala von 1 bis 10 bekommt. Dieses Rating ist dann für ein Jahr gültig und hat Auswirkungen auf alle Bereiche seines Lebens.

Brebel § 50 Abs. 1

Das Bro-Rating wird jedes Jahr in Zusammenkunft aller Bros abgehalten und dabei das Rating eines jeden Bros erneuert. Der Termin dafür wird mindestens drei Monate zuvor festgelegt und muss von jedem Bro ausnahmslos wahrgenommen werden! Dabei kann aus triftigen Gründen auf die Zuschaltung per Video-Call ausgewichen werden.

Brebel § 50 Abs. 2

Für die Vergabe der Punkte werden folgende Kriterien beleuchtet: aktueller Verdienst (durchschnittlicher Nettolohn), Kleidungsstil, Redegewandtheit, Humor oder das Liebesportfolio etc. Die genauen Kriterien sind von jeder Gruppe eigenständig festzulegen.

Brebel § 50 Abs. 3

Falls sich ein Bro bei der Bewertung ungerecht behandelt fühlt, darf er in Revision gehen. Der Bro hat die Möglichkeit, binnen zwei Wochen (vierzehn Tagen) eine Präsentation vorzubereiten, um die Bros von einer besseren Bewertung zu überzeugen. Es wird dann ein zweites Mal abgestimmt, wobei es keine Garantie dafür gibt, nicht noch schlechter bewertet zu werden. Die Entscheidung, in Revision zu gehen, sollte gut überlegt sein, weil man durch sie zudem eine dreijährige Revisionssperre bekommt.

Brebel § 50 Abs. 4

Nimmt ein Bro fahrlässig oder ohne triftigen Grund nicht am Bro-Rating teil, wird er automatisch mit einer 2 bewertet. Dies dient auch als Schlupfloch für hässliche Bros, die eine höhere Bewertung sowieso nicht bekommen hätten.

Brebel § 50 Abs. 5

Der genaue Ablauf eines Bro-Ratings ist fest definiert und muss anhand der offiziellen Bro-Rating-Agenda abgehalten werden, welche im Nachgang abgedruckt ist.

JÄHRLICHES BRO-RATING

Allgemein

- **Dresscode: Besonders schick**

Jeder Bro hat sich in seinen schicksten Anzug zu werfen. Anzugweste, Lackschuhe, Krawatte oder Fliege sind Pflicht! Frauen haben Abendkleider oder vergleichbar schicke Kleidung zu tragen.

- **Die Räumlichkeiten sind ganz klar geregelt:**

- Bars, Restaurants, kleine Wohnzimmer oder Hobbykeller sind für diesen Anlass keine gestattete Location.
- Eventuell benötigte Büros oder Hochzeitssäle sind im Vorhinein anzumieten.

Sonstiges

Vor der Veranstaltung wird ein Schriftführer bestimmt, der den Ablauf der gesamten Veranstaltung schriftlich dokumentiert.

- **Ablaufplan (aufbereitet)**

- 15:30 Uhr Eintreffen
- 16:00 Uhr Gruppenfotos
- 17:00 Uhr Sektempfang
- 18:00 Uhr Abendessen
- 19:00 Uhr Choreografie
- 19:30 Uhr Das Rating
- 21:00 Uhr Auswertung
- 21:30 Uhr Punktevergabe
- 22:00 Uhr Einwände?
- Open End Party

■ Das Eintreffen

Alle Bros werden mit einem individuellen, für diesen Anlass einstudierten Handschlag begrüßt. Das Zuspätkommen ist untersagt und wird bei einer Überschreitung von fünf Minuten mit -1 Punkt seines Gesamtratings geahndet.

■ Gruppenfotos

Die Gruppenfotos werden jedes Jahr zu diesem wichtigen Anlass erneuert, da es mit steigendem Alter immer schwieriger wird, alle Bros an einem anderen Tag gleichzeitig zu versammeln. Die Fotos werden bei Ankunft vor dem Gebäude geschossen, in dem die Veranstaltung stattfindet. Diese Aufgabe übernimmt ein professioneller Fotograf, um sicherzustellen, dass die Beleuchtung, der Kamerawinkel und alle anwesenden Bros gut zu erkennen sind. Bei der Position der Bros entscheidet nicht wie üblich die Körpergröße, wer vorne und wer hinten stehen darf, sondern das Körpergewicht (muskulöse und andere schwere Jungs hinten, nicht ganz so muskulöse vorne, alle anderen auf den Schultern der schweren Jungs).

■ Sektempfang

Beim Einlass in die ausgewählte Location stoßen alle mit Champagner und Sekt an, auch die Fahrer, da man mit dem Taxi heimfahren kann, um diesen Anlass gebührend zu feiern. Falls es sich bei den Teilnehmern um minderjährige Bros, um Bros, die eine jahrelange „kein Alkohol"-Streak am Laufen haben, oder um empfindliche Weichbiber handelt, darf auf Alkohol verzichtet und auf ein anderes Getränk ausgewichen werden (trübes Wasser aus dem Hahn oder Getränke, die sich die Betroffenen selbst mitbringen).

▪ Abendessen

Den Bros steht es frei, über die Wahl des Gerichts zu bestimmen. Falls es zu Uneinigkeiten unter den Bros kommt, bleibt's wie üblich bei der guten alten Pizza. Achtung: Es dürfen keine Familienpizzen bestellt werden, weil diese sich wirklich nie lohnen (gerne nachrechnen). Ein Bro trifft immer kluge (finanzielle) Entscheidungen …

Die Kosten für das Abendessen werden vom Bro mit dem niedrigsten Rating des Vorjahres beglichen.

▪ Choreografie

Zu Beginn der Zeremonie stellt jeder Bro eine einstudierte Choreografie vor, die davor bis ins perfekte Detail geübt worden sein muss. Das lockert nicht nur die Stimmung auf, sondern hilft dabei, seine negativen Gedanken und den Alltagstrott beiseitezulegen. Dabei ist es egal, ob es sich um Tanz, Gesang, Stand-up-Comedy, ein Gedicht oder Sonstiges handelt. Hauptsache, die gesamte Gruppe ist unterhalten.

▪ Das Rating

Jeder Bro hat eine Präsentation vorzubereiten, in welcher er eindrucksvoll erklärt, warum er es verdient hat, ein entsprechend hohes Rating von seinen Bros zu bekommen (PowerPoint, aber auch Plakate möglich). Es wird das aktuelle Jahr reflektiert und über besondere Leistungen des Bros debattiert. Während der Präsentation muss frei gesprochen und mit vollem Elan und Körpereinsatz agiert werden. Jeder Bro hat fünfzehn Minuten Zeit, seine Bros von sich zu überzeugen.

▪ Die Auswertung

Die Punktevergabe findet geschlossen in einem separaten Raum oder einer Wahlkammer statt, damit ausnahmslos ehrlich Punkte ohne Manipulation verteilt werden können. Die Punktevergabe erfolgt schriftlich, aber nicht anonym, weil ein Bro immer zu seinen Entscheidungen steht. Die maximale Punktzahl, die in jedem Bereich vergeben werden darf, ist 10 und die niedrigste 1 (0 wäre ein Ausschluss aus der Gemeinschaft). Am Schluss werden alle Punkte addiert und durch die Anzahl der Bewertungskategorien dividiert. Das Ergebnis wird im Anschluss von jedem Bro offengelegt und durch den Schriftführer dokumentiert.

▪ Bewertet wird

- Choreografie
- Optik des Bros / eventuelles Glow-up
- Finanzielle Mittel des Bros
- Kluge Investitionen / dumme Anschaffungen
- Aktuelles Fortbewegungsmittel des Bros
- Kleidungsstil des Bros
- Rhetorik / Redegewandtheit
- Humor
- Aura
- Allgemeines äußeres Erscheinungsbild
- Allgemeines inneres Erscheinungsbild (Charakter)

Das Liebesportfolio und die Qualität der Liebespartner fließt nicht in die Bewertung ein, da durch sie noch keine Aussage darüber getroffen werden kann, wie gut der Bro performt hat und ob er ihnen überhaupt gerecht werden konnte. Daher zählen an dieser Stelle nur glaubhafte, notariell beglaubigte Berichte der Liebespartner über die Leistung des Bros, falls diese überhaupt von diesen erstellt worden sind. Eine Häufung von 5-Sterne-Bewertungen gilt als verdächtig.

Gerne können hier jedoch eigene Kategorien ergänzt werden. Je detaillierter die Bewertung, desto besser.

▪ Einwände

Kommt es zu Einwänden, können diese am gleichen Abend oder zu einem gesonderten Termin bearbeitet werden. Genaueres hierzu findet sich unter Brebel § 50 Abs.3.

▪ Open End Party

Ihr habt es geschafft! Jetzt wird gefeiert. Bei der Open End Party dürfen die Anzüge abgelegt werden, um eine entspannte Atmosphäre zu schaffen. Wichtig: Die Boxershorts sind anzubehalten. Es dürfen weitere Freunde, Bekannte oder Frauen eingeladen werden. Ebenso ist es möglich, eine öffentliche Facebook-Party zu starten, ganz nach dem Motto: Viel bringt viel. Falls externe Räumlichkeiten für die Veranstaltung genutzt werden, ist darauf zu achten, eigenständig Betten zur Verfügung zu stellen, sollte die Party etwas „wilder" werden und nicht mehr jeder nach Hause kommen (oder man die Betten anderweitig benötigt).

WIE FINDEST DU EIGENTLICH EINEN BRO?

Dieses Buch lehrt die Leser in unzähligen Seiten, wie man sich gegenüber seinen Bros und anderen Menschen verhalten soll. Aber was, wenn man gar keine Bros hat? Don't worry buddy, we got you!

Nachfolgend findest du eine Fünf-Schritte-Anleitung, wie du einen oder mehrere echte Bros findest und noch viel wichtiger – für immer behältst. Befolge diese Regeln und du wirst es uns ein Leben lang danken.

Schritt 1: Richtiges Auftreten

Ob du willst oder nicht. Menschen sind verdammt oberflächlich. Es geht beim richtigen Auftreten nicht darum, dass du dich in deinem Kleidungsstil, deiner Frisur oder der Art, wie du deinen Bart trägst, an irgendwen anpasst. Vielmehr geht es darum, dass du nach außen das repräsentierst, was du bist: ein stabiler Bro. Zieh dir etwas Ordentliches an, bügel deine Kleidung (oder lass sie von Mama bügeln, weil das echt schwer ist), mach deine Haare und deinen Bart ordentlich, treib Sport, ernähr dich vernünftig und putz dir deine Zähne. Damit strahlst du zumindest aus, dass du Respekt vor dir selbst und deinem eigenen Körper hast.

Hast du die Äußerlichkeiten im Griff, geht es um die anderen essentiellen Bereiche deines Auftretens: Rhetorik und Körpersprache. Was super kompliziert klingt, ist eigentlich ganz einfach. Stell dich aufrecht hin und mach nicht immer einen Buckel, als wärst du 120 Jahre alt. Wenn du sprichst, sprich mit Selbstbewusstsein, nimm deine Hände aus den Hosentaschen und strahle auch hier wieder das aus, was du bist: ein stabiler Bro!

Hast du das alles im Griff, fehlt nur noch deine Rhetorik. Lies einfach mal ein Buch, lern ein paar neue Wörter, sag nicht die ganze Zeit „ähm“ und laber nicht ganz so viel Scheiße. Dann wird das schon.

Schritt 2: Richtiges Umfeld

Vielleicht hast du schon einmal folgendes Zitat von Jim Rohn gehört: „Du bist der Durchschnitt der fünf Menschen, mit denen du die meiste Zeit verbringst.“ Was ein bisschen nach Shisha-Bar-Quote klingt, beinhaltet sehr viel Wahrheit. Die Menschen um dich herum prägen, wie du sprichst, was du tust, nach was du strebst und viele weitere Aspekte deines Lebens. Was auf die Menschen zutrifft, die bereits in deinem Freundeskreis sind, trifft natürlich auch auf die Kreise zu, in denen du nach „stabilen Bros“ suchst.

Bist du ein Mensch, der gerne ins Gym geht, Partys eher meidet und am liebsten mit seinen Engsten zu Hause chillt, ist der Club vielleicht einfach der falsche Ort für dich, um einen Bro zu finden. Versuch's im Gym.

Bist du ein Mensch, der gerne Fußball spielt, sich am Mittwoch nach dem Training gerne mal acht Halbe reinstellt und Freitag und Samstag im Club verbringt, ist die Bücherei vielleicht einfach der falsche Ort für dich, um einen Bro zu finden.

Ich glaube du verstehst, was ich damit meine. Suche nicht in der Wüste nach Wasser. Träume nicht dein Leben, sondern lebe deinen Traum (okay, der letzte war einer zu viel).

Schritt 3: Kontaktaufnahme

Hast du am richtigen Ort einen potentiell „stabilen Bro“ gefunden, geht es darum, Kontakt aufzunehmen. So wie man in den Wald ruft, so schallt es heraus. Sei einfach höflich, aufgeschlossen, bring ein bisschen positive Euphorie mit und ich garantiere dir, die andere Person freut sich, dass du sie angesprochen hast (zumindest haut sie dir nicht in die Fresse, also was soll's?).

Wichtig ist hier zu wissen: Nicht der erste Mensch, den du ansprichst, ist gleich ein Perfect Match mit dir. In Schritt drei gilt Quantität über Qualität – besser bei zehn Menschen den Versuch starten, als nur in einen zu committen.

Schritt 4: Prüfen und Festigen der Beziehung

Hast du es geschafft, dass ein potentiell „stabiler Bro" zumindest Bock hat, dich mal mit dir zu treffen, gehst du über zu Schritt 4: Dem Prüfen und Festigen der Beziehung. Es gibt genug Menschen da draußen – wenn dir im Prozess auffällt, dass euer Werteverständnis sich nicht deckt, dann musst du auch nicht an der Person festhalten. Ein echter Bro teilt deine Werte, ist hundertprozentig loyal, stellt dich auf die gleiche Stufe mit sich selbst und lebt nach der Brebel. Stellt sich im Laufe der Zeit heraus, dass dies bei der Person, mit der du zu tun hast, nicht so ist, solltest du den Kontakt abbrechen und noch mal bei Schritt 2 oder 3 einsteigen. Besser fünf gute Bros als hundert schlechte. Und besser keinen Bro als einen schlechten.

Stellt sich der Bro in dieser Phase jedoch als passend heraus, geht es darum, eure Freundschaft zu stärken. Lernt einander besser kennen, unternehmt so viel ihr könnt und geht durch ein paar Krisen. Das ist wie Dating, nur ohne Liebemachen (im Normalfall, I don't judge, wenn ihr es anders haltet).

Schritt 5: Pflege eurer Bruderschaft

Eine gute Freundschaft ist eine große Verantwortung. Wenn dir jemand erzählt, er habe zwanzig super enge Freunde, ist das schlichtweg gelogen. Es ist unmöglich, so viele gute, wirklich enge und persönliche Freundschaften aufrechtzuerhalten.

Eine richtige Bruderschaft erfordert viel Zeit und Liebe. Ruf deinen Bro an, frag, wie es ihm geht, hör dir seine Sorgen an, teile deine mit ihm, hilf seiner Familie. Die Liste ist endlos. Gib so viel in eine Bruderschaft, wie du kannst, denn wenn die Freundschaft aufrichtig ist, kommt mindestens das Gleiche wieder zurück.

WERTVOLLE ERFAHRUNGSWERTE EINFLUSSREICHER PERSÖNLICHKEITEN

Unsere Rolle als Autoren der Brebel beinhaltet nicht nur das Lehren der wichtigsten Paragrafen für ein perfektes Zusammenleben mit seinen Bros und anderen Mitmenschen. Auch ist es unsere Aufgabe, unsere Leser, also dich, davon zu überzeugen, dass es der einzig richtige Weg ist, nach der Brebel zu leben.

Um diese These zu untermauern, folgen im Anschluss an diesen Absatz Zitate von (mehr oder weniger) erfolgreichen Personen des öffentlichen Lebens. Auch sie leben streng nach der Brebel und sind seither glücklicher denn je (und reich).

Anna Gazanis

„Die Brebel hat mir geholfen zu verstehen, dass oftmals ich das Problem bin."
Die eine von Bruder1und2

Simon Will

„Mein Leben vor der Brebel war traurig und von regelmäßigen Verdauungsproblemen gezeichnet. Doch nur durch die Brebel hat sich mein Körper regeneriert und ich lebe endlich in Freiheit, bade jeden Tag in Moët und habe siebzehn Frauen in neunzehn verschiedenen Ländern. Danke, Brebel!"
Simon – Musikant und Internet-Promi

Julyan Pohl

„Dank der Brebel hat sich mein Alltag um 180 Grad gedreht, ich weine nicht mehr jeden Tag in der Dusche, mein Freundeskreis hat sich von eins auf zwei verdoppelt und ich habe aufgehört zu masturbieren, weil ich 99 Tinder-Matches pro Tag habe!"
July – Schweizer Bitcoin-Multimilliardär

Dieser.Johnny

„Dank der Brebel hab ich endlich Erfolg bei Frauen außerhalb des Familienchats."
Johnny – Content Creator, Hand- und Kniemodel, 8-facher Weltmeister im Unterwasserhochsprung

Herr Anwalt

„Durch die Brebel habe ich vor fast 15 Jahren mein Examen geschafft."
Herr Anwalt – Battle of the Socials-Gewinner

Paulomuc

„Dank der Brebel habe ich keinen Crush mehr auf meine Cousine. Sondern auf meinen Cousin!"
Paul, Meerjungfrau – halb Mensch, halb Schwanz

MauriiPastore

„Die Brebel hat mir geholfen, endlich mit allen Affären zur gleichen Zeit klarzukommen. Davor kam ich immer trüb."
MauriiPastore – CumDirect-Mitarbeiter

AviveHD

„Ich habe es in zwei Monaten nicht geschafft, ein Zitat bei den Jungs einzureichen, weshalb sie selber eines für mich schreiben mussten."
AviveHD – Familienvater, Minecraft World Champion

Clemens Brock

„Die Brebel hat mir geholfen, meinen übermäßigen Bierkonsum vor meiner Frau zu rechtfertigen. Bin jetzt Single."
Clemens Brock – Anerkannter Bierbrauer

Hannah Tulnik

„Dank der Brebel ist es mir gelungen, aus meinem 9-to-5-Job auszusteigen."
hannahtulnik – Content Creator, Fußballerin und Pferdeflüsterin

Dr. Adrian Vogt

„Durch die Brebel wurde ich in meiner Männlichkeit bestärkt."
Aditotoro – Unternehmer & Investor

Richard Cwiertnia

„Ich habe selten ein Buch gelesen, das mich so wenig vorangebracht und gleichzeitig so wenig unterhalten hat. Für mich eines der besten Bücher, welches westseits des Äquators jemals zu Papier gebracht wurde."
Richard – Essiggurkenliebhaber, erfahrener Ostblocklatino, 9.-Platzierter bei den Deutschen Orgelmeisterschaften 2005

WARUM DU AB JETZT EIN „ECHTER BRO“ BIST

Respekt! Du hast dich durch die ersten fünfzig Paragrafen der Brebel gekämpft. Es ist keine Selbstverständlichkeit, dass du ein derart großes Stück deiner Freizeit geopfert hast, um dieses Buch zu lesen. Aber wie so oft im Leben kommt der Erfolg nur mit zuvor geleisteter, harter Arbeit. Einen Teil davon hast du nun hinter dir, der größte Teil der Arbeit kommt allerdings noch!

Deine große Aufgabe als „echter Bro“ ist es nun, all jene Menschen auf den richtigen Weg zu führen, die die Brebel noch nicht gelesen haben oder nicht mit vollem Engagement hinter den Paragrafen stehen. Es wird nicht leicht, aber du schaffst das. Wann immer es hart wird und du kurz davor bist aufzugeben, denk immer daran: Die Brebel-Familie ist groß und du bist nie allein!

Echte Bros helfen sich zu jeder Zeit gegenseitig und du bist jetzt einer von uns (stell dir jetzt vor, wie wir uns alle umarmen und Nick dir sanft den Nacken küsst). Solltest du Fragen haben, Unklarheiten empfinden oder Menschen kennen, die sich nicht an die Brebel halten und vor ein Brebel-Gericht gehören – schreib uns jederzeit eine Nachricht. Wir kümmern uns darum.

Erst die Arbeit, dann das Vergnügen! Auf der nächsten Seite findest du die Urkunde, die dich mit deiner Unterschrift zu einem echten Bro macht (bitte verkack's nicht).

Das hast du dir verdient, Tiger!
Don & Nick out.

DEIN ZERTIFIKAT

Die Zertifizierungsstelle der Brebel bescheinigt hiermit, dass

____

Vor- und Nachname

offiziell ein echter Bro ist.

Gemäß geltender Regeln der Brebel verpflichtet sich die Person damit zu jeder Zeit, den Lehren der Brebel zu folgen, diese nach außen zu tragen und den Kritikern stets die Stirn zu bieten.

Im Gegenzug genießt die unterzeichnende Person alle Vorzüge eines echten Bros. (Einfach extrem geil sein.)

Dieses Dokument ist auf Lebenszeit gültig und erlischt nur bei schwerwiegenden Verstößen gegen die Brebel.

____

Unterschrift

NOTIZEN FÜR EINEN ECHTEN BRO

NOTIZEN FÜR EINEN ECHTEN BRO

NOTIZEN FÜR EINEN ECHTEN BRO

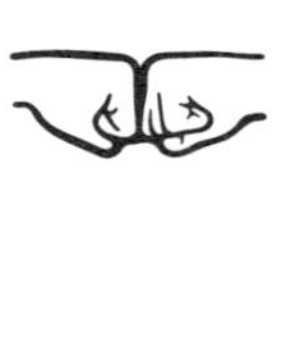

NOTIZEN FÜR EINEN ECHTEN BRO

NOTIZEN FÜR EINEN ECHTEN BRO

NOTIZEN FÜR EINEN ECHTEN BRO

NOTIZEN FÜR EINEN ECHTEN BRO

NOTIZEN FÜR EINEN ECHTEN BRO

ÜBER DIE AUTOREN

Nick und Don, besser bekannt als Bruder1und2 – die numerische Aufteilung der Brüder ist hingegen unbekannt –, gehören zu den bekanntesten deutschsprachigen Influencern. Seit 2019 unterhalten sie ihre Fans via sozialer Medien, wo sie mit staubtrockenem Humor und einer nur spärlich ausgeprägten Schamgrenze die relevanten Umgangsformen unter guten Freunden („Bros“) im Zeitalter von TikTok, Instagram und Co. vorleben. Auf besagten Plattformen erreichen die selbsternannten „Bresidenten“ mittlerweile mehr als eine Million Menschen. Das Debütwerk des jungen Autorenduos, die „Brebel“, knüpft nahtlos an den Auftritt in den sozialen Medien an.

Instagram & TikTok: @bruder1und2

WECREATE BOOKS – WO WORTE ZU WELTEN WERDEN UND CREATORS ZU AUTOREN!

Wir bieten visionären Creators die Bühne, ihre Inhalte über Social Media hinaus zum Leben zu erwecken – tauche ein in Sachbücher, die Wissen entschlüsseln, Romane, die Dich in unbekannte Welten katapultieren, und Ratgeber, die Dein Leben bereichern.

UNSERE STORY

Wir wissen, was junge Menschen bewegt – denn unser Verlag entstand aus einer Social Media-Agentur heraus. Bis heute betreuen wir viele der erfolgreichsten Gen Z-Stars Deutschlands, beraten viele der größten Unternehmen hierzulande in ihren Social Media-Aktivitäten und haben das bis dato größte Creator House namens 9:16 House auf Ibiza umgesetzt.

UNSERE ÜBERZEUGUNG

Wir glauben fest daran, dass das Buch ein zeitloses Medium ist, das eine willkommene Auszeit vom digitalen Alltag bietet. Unser Ziel ist es, dazu beizutragen, dass es weiterhin generationsübergreifend als wertvolle Quelle der Unterhaltung und Bildung geschätzt wird.

DAS KAPITEL, DAS UNS VERBINDET

Mit WeCreate Books schreiben wir seit 2023 das nächste Kapitel in unserer Journey und gehen dabei über die Grenzen und Konventionen herkömmlicher Verlage hinaus – unsere Mission: den Zeitgeist einfangen und Dir einzigartige Leseerlebnisse mit echtem Mehrwert schaffen.

Du willst mehr über uns erfahren?
Hier findest Du uns: wecreate-books.com